만화로 키우는 초등 문해력

꿀잼 보장
말랑간식즈의

한 번 보면 입에 착 붙는
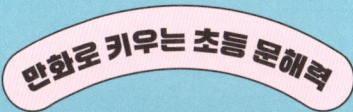
사자성어

오현선 글 | 파프리 그림

서사원주니어

이 책을 볼 어린이에게

여러분은 사자성어가 무엇인지 알고 있나요? 사자성어란 한자 네 글자로 이루어진 말로, 상황을 압축적으로 표현하거나 교훈을 담은 말이에요. 미리 준비하면 근심이 없다는 뜻의 '유비무환'이나 독서에 푹 빠져 있는 모습을 나타내는 '독서삼매'처럼 말이지요.

다양한 상황이나 교훈이 단 네 글자 안에 담겨 있다 보니, 사자성어를 많이 알면 같은 말도 더 간결하게 표현할 수 있어요. 사자성어를 잘 활용하면 상대방에게 복잡한 상황을 더 쉽게 전달할 수 있어서 좋지요.

뿐만 아니라, 사자성어를 통해 훌륭한 삶의 태도를 배울 수 있어요. 당장은 나쁜 일이 나중에 복이 될 수 있다는 '전화위복'이라는 사자성어를 알면 힘든 순간을 잘 이겨낼 수 있지요. 또, '일취월장'이라는 사자성어를 통해 조금씩 노력하면 나날이 발전할 수 있다는 것을 깨달을 수 있고요.

친구와 대화할 때도 사자성어는 유용해요. 정말 친한 친구에게 "우리는 죽마고우야"라고 말한다면 훨씬 멋진 느낌이 들지 않나요? 선생님은 대화할 때 멋진 표현을 쓰면 친구 관계에도 도움이 된다고 생각해요.

글을 읽을 때도 도움이 돼요. 지금까지 이야기한 사자성어의 장점 때문에 많은 글에 사자성어가 쓰이거든요. 사자성어를 알면 사자성어가 쓰인 글을 읽고 이해하는 데 도움이 되는 건 당연하겠지요?

이 책은 말과 글에서 자주 사용하는 사자성어 100개를 모아, 재미있게 익힐 수 있게 했어요. 사자성어를 제시한 뒤, 그 뜻을 풀어 설명했고요. 여러분이 좋아하는 간식 네 캐릭터, 말랑간식즈가 각 사자성어와 관련하여 벌이는 일화를 재미있는 만화에 담았어요.

만화 아래에는 사자성어의 유래를 풀어 정리해, 그 뜻을 이해하는 데 도움이 되게 했어요. 또한, '생각해 보기'로 사자성어와 관련된 생각을 넓힐 수 있도록 했어요. 마지막으로, 각 장이 끝날 때마다 초성 퀴즈로 앞에서 배운 사자성어를 정리해 볼 수 있어요. 이 책 한 권을 마치면 여러분은 사자성어 박사가 될 거예요.

사자성어를 활용해 말도, 글도 더 풍성하게 사용할 줄 아는 어린이가 되기를 응원할게요.

저자 **오현선**

말랑간식즈 4인방을 소개합니다!

아, 아! 말랑초등학교 교내 방송입니다. 우리 학교 학생들에게 초특급 미션이 내려졌습니다. 바로 100개의 사자성어를 완벽히 이해하는 것! 여러분만의 빵 터지는 방법으로 100개의 사자성어를 소화해 보세요!

하리봉

난 누구보다 웃기게 소화할 자신이 있다고!

취미는 자주 먹기, 특기는 많이 먹기! 간식 앞에서는 누구보다 진지한 말랑말랑 젤리 곰. 엉뚱한 매력으로 모두를 웃게 만드는 분위기 메이커예요.

천하정

하하, 나한테 딱 맞는 지적인 미션이군!

눈은 반짝, 말은 또박또박! 똑소리 나는 소시지계의 브레인이에요. 은근히 잘난 체를 하지만, 알고 보면 허술한 데가 있는 귀여운 허당이지요.

김바비

얘들아, 나만 믿어!

꽉 찬 속재료처럼 알차고 든든한 김밥. 고지식해 보이지만 누구보다 의리 있는 친구예요.

덕복이

뭐야, 뭐야? 재밌는 일이 벌어질 것 같은 느낌적인 느낌!

새빨간 머리처럼 언제나 에너지 뿜뿜! 반짝이는 상상력과 번뜩이는 아이디어가 넘쳐나요. 덕복이 주변에는 언제나 재밌는 사건 사고가 끊이질 않아요.

이 책의 구성

① 사자성어와 뜻풀이

② 한자 풀이

③ 신나는 만화 속으로!

④ 사자성어의 유래와 배경

⑤ 사자성어로 생각해 보기

차례

Step 1 인간 관계

관포지교 8	안하무인 9
동병상련 10	근묵자흑 11
오매불망 12	막상막하 13
역지사지 14	이실직고 15
장유유서 16	견원지간 17
배은망덕 18	수수방관 19
유유상종 20	자업자득 21
인과응보 22	천생연분 23
죽마고우 24	타산지석 25
어부지리 26	반포지효 27

Step 2 독서·공부

독서삼매 30	대기만성 31
맹모삼천 32	환골탈태 33
괄목상대 34	작심삼일 35
청출어람 36	개과천선 37
자포자기 38	백발백중 39
일취월장 40	박학다식 41
주경야독 42	명불허전 43
학이시습 44	절차탁마 45
교학상장 46	형설지공 47
문방사우 48	온고지신 49

Step 3 말·마음

감언이설 52	교언영색 53
측은지심 54	동상이몽 55
동문서답 56	요령부득 57
단도직입 58	중언부언 59
횡설수설 60	마이동풍 61
시시비비 62	유구무언 63
이심전심 64	삼고초려 65
언중유골 66	금시초문 67
칠전팔기 68	인지상정 69
일편단심 70	공명정대 71

Step 4 태도·자세

심기일전 74	후안무치 75
유비무환 76	과유불급 77
십시일반 78	좌고우면 79
표리부동 80	주마간산 81
호시탐탐 82	안빈낙도 83
차일피일 84	경거망동 85
시종일관 86	살신성인 87
천진난만 88	분골쇄신 89
호언장담 90	불철주야 91
솔선수범 92	결초보은 93

Step 5 일상·인생

전화위복 96	용두사미 97
다정다감 98	갑론을박 99
막무가내 100	중구난방 101
고진감래 102	문전성시 103
학수고대 104	새옹지마 105
동분서주 106	비일비재 107
설상가상 108	다다익선 109
진수성찬 110	오비이락 111
일거양득 112	함흥차사 113
이구동성 114	구사일생 115

Step 1

인간 관계

사자성어 중에는 사람 사이의 관계를 나타내는 것이 많아요. 친한 친구 사이를 뜻하는 '관포지교', 같은 상황의 사람끼리 서로를 안쓰럽게 느낀다는 '동병상련'처럼 말이지요. 이런 사자성어를 알면 인간 관계를 더 폭넓게 이해할 수 있답니다. 다음 사자성어를 보고 들어본 것이 있다면 체크하면서, 이번 장에서 어떤 사자성어를 배우는지 미리 살펴보세요!

나는 인싸니까 인간 관계에 대한 사자성어는 금방 이해할걸!

- 관포지교 ☐
- 동병상련 ☐
- 오매불망 ☐
- 역지사지 ☐
- 장유유서 ☐
- 배은망덕 ☐
- 유유상종 ☐
- 인과응보 ☐
- 죽마고우 ☐
- 어부지리 ☐
- 안하무인 ☐
- 근묵자흑 ☐
- 막상막하 ☐
- 이실직고 ☐
- 견원지간 ☐
- 수수방관 ☐
- 자업자득 ☐
- 천생연분 ☐
- 타산지석 ☐
- 반포지효 ☐

천하정, 정말 그런지 내가 지켜보겠어!

관포지교

깊은 우정을 나누는 사이라는 뜻이에요.

管	鮑	之	交
피리 **관**	절인 물고기 **포**	어조사 **지**	사귈 **교**

춘추 시대 관중과 포숙아는 젊을 때부터 둘도 없는 친구였어요. 관중은 포숙아의 도움으로 높은 자리에 올랐지요. 관중은 포숙아가 자신을 이해하고 도와준 유일한 사람이라며 고마워했어요. "나를 낳아준 이는 부모님이지만, 나를 알아준 이는 포숙아다"라고 말했답니다. 바로 여기에서 관포지교라는 말이 나왔어요.

생각해 보기

1. 여러분의 관포지교는 누구인가요?
2. 관표지교는 한 명이어야 할까요, 여러 명인 것이 더 좋을까요?

안하무인

매우 교만해서 다른 사람을 무시한다는 말이에요.

眼	下	無	人
눈 안	아래 하	없을 무	사람 인

눈 아래 사람이 없다는 뜻으로, 오만한 태도를 비유적으로 이르는 말이에요. 중국 명나라의 능몽초가 쓴 소설 《초각박안경기》에는 자식을 늦게 얻은 부모의 이야기가 나와요. 자식을 아끼며 키우다 보니, 버릇 없게 자라 부모를 때리기까지 했다고 해요. 여기에서 안하무인이라는 말이 유래했어요.

생각해 보기

1. 안하무인인 사람을 본 적 있나요?
2. 다른 사람을 안하무인으로 대하는 친구에게 뭐라고 조언할 수 있을까요?

동병상련

同	病	相	憐
한가지 동	병 병	서로 상	불쌍히 여길 련

어려운 처지에 있는 사람들이 서로를 불쌍하게 여긴다는 뜻이에요.

옛날 중국의 오자서는 백비와 같은 아픔을 갖고 있었어요. 둘 다 가족이 초나라 왕에게 죽임을 당했거든요. 오자서는 같은 아픔을 겪은 사람끼리 서로 마음을 이해한다고 여기고 백비에게 잘해 주었지요. 동병상련은 이 둘의 이야기에서 유래한 사자성어예요.

생각해 보기

1. 누군가와 동병상련이라고 느낀 적 있나요?
2. 동병상련의 처지에 있는 사람끼리는 반드시 서로 도와야 할까요?

근묵자흑

近	墨	者	黑
가까울 근	먹 묵	사람 자	검을 흑

나쁜 사람과 가까이 지내면 나쁜 버릇에 물든다는 말이에요.

부현이라는 사람이 쓴 책에 나오는 말이에요. 붉은 먹을 가까이 하면 붉게 될 것이고 검은 먹을 가까이 하는 사람은 검게 될 것이라는 뜻이지요. 곁에 있다면 물들 수밖에 없다는 말이에요. '근주자적(近朱者赤)'이라는 말도 비슷한 의미를 가지고 있어요.

생각해 보기

1. 주변에 가까이하고 싶지 않은 사람이 있나요?
2. 나쁜 사람의 곁에 있어도 물들지 않을 방법을 생각해 보세요.

오매불망

자나 깨나 잊지 못하고 그리워한다는 뜻이에요.

寤	寐	不	忘
잠깰 오	잘 매	아닐 불	잊을 망

오매불망은 〈관저〉라는 시에서 유래됐어요. 이 시에는 아리따운 아가씨를 그리워하며 잠 못 자고 뒤척이는 상황이 담겨 있어요. 사랑하는 사람을 그리워하며 잠 못 들고 이리저리 뒤척이는 것을 비유하는 말로 많이 쓰이다가, 차차 근심으로 잠 못 드는 것을 비유하는 말이 되었어요.

생각해 보기

1. 오매불망 기다려 본 것이 있나요?
2. 꿈이나 목표가 이뤄지기만을 오매불망 기다리는 것은 건강한 태도일까요?

막상막하

莫	上	莫	下
없을 막	윗 상	없을 막	아래 하

누가 더 낫거나 부족함의 차이가 없이 서로 비슷하다는 뜻이에요.

삼국 시대에 뛰어난 전략가 제갈량과 방통이 있었어요. 그들은 모두 지도력이 뛰어나 존경을 받았지요. 그래서 누가 더 우월한지 판단하기 어려웠다고 해요. 여기에서 유래된 말이 바로 막상막하랍니다. 위로는 더 나을 것이 없고, 아래로도 더 못할 것이 없다는 뜻이지요.

생각해 보기

1. 다른 사람과 막상막하의 실력을 겨뤄 본 적 있나요?
2. 나와 막상막하로 실력을 겨루는 친구를 꼭 이겨야만 할까요?

역지사지

易	地	思	之
바꿀 역	땅 지	생각할 사	어조사 지

입장을 바꾸어 다른 사람의 처지에서 생각해 보라는 뜻이에요.

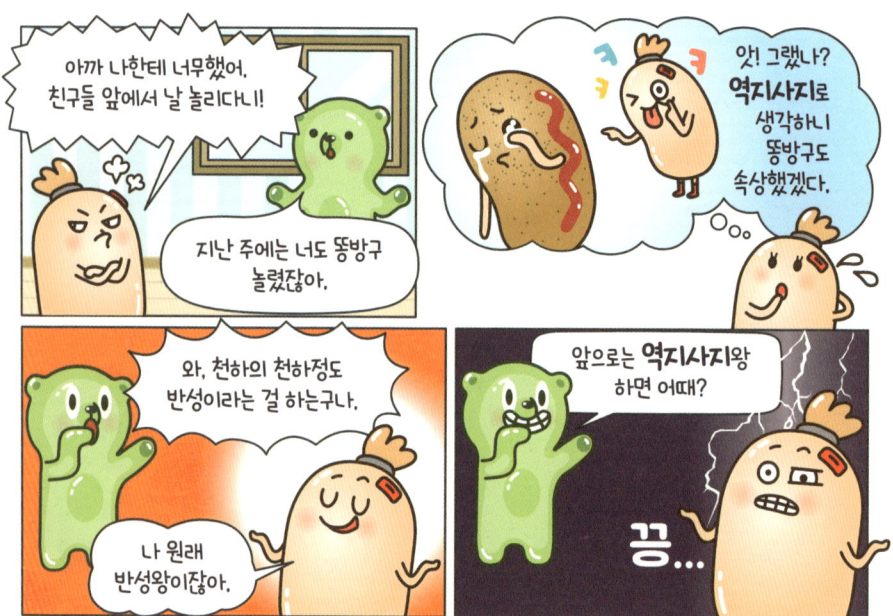

역지사지는 《맹자》에 나오는 '역지즉개연(易地則皆然)'이 줄어든 말이에요. 입장을 바꾸어 다른 사람의 처지에서 생각하라는 뜻이지요. 정확하게는 상대가 내 의견을 경청하듯이 나 자신도 상대의 의견을 경청해야 한다는 의미예요. 이는 서로 의견을 주고받는 상황에서 특히 필요한 태도랍니다.

생각해 보기

1. 다른 사람이 내 입장을 생각해 주었으면 했던 적 있나요?
2. 역지사지의 태도로 생각해 보아야 하는 까닭은 무엇일까요?

이실직고

以	實	直	告
써 이	열매 실	곧을 직	고할 고

어떤 사실을 솔직히 말한다는 뜻이에요.

중국의 명장 왕제와 그의 부하인 공명의 대화에서 유래된 말이에요. 공명이 왕제의 군사 작전이 불리하다는 것을 깨닫고, 용기 있게 진실을 말한 일이 있었어요. 왕제는 공명의 충고를 귀담아 듣고 계획을 수정해 전투에서 승리할 수 있었다고 해요.

생각해 보기

1. 잘못을 이실직고하지 못했던 경험을 떠올려 보세요.
2. 잘못한 일이 있다면 부모님께 반드시 이실직고해야 할까요?

장유유서

長	幼	有	序
어른 장	어릴 유	있을 유	차례 서

어른과 어린이 사이에는 지켜야 할 순서가 있다는 뜻이에요.

유교 도덕의 '오륜'은 인간 관계를 다섯 가지로 나누어, 서로 지켜야 할 가치를 이르고 있어요. 아들과 아버지 사이의 '부자유친(父子有親)', 임금과 신하 사이의 '군신유의(君臣有義)', 아내 사이의 '부부유별(夫婦有別)', 친구 사이의 '붕우유신(朋友有信)'이 있어요. 나머지 한 가지가 장유유서랍니다.

생각해 보기

1. 어른이 먼저 해야 하는 일은 무엇이 있을까요?
2. 아이가 화장실이 급할 때도 반드시 장유유서를 지켜야 할까요?

견원지간

사이가 매우 나쁜 관계를 비유적으로 말해요.

犬	猿	之	間
개 **견**	원숭이 **원**	어조사 **지**	사이 **간**

견원지간은 마치 개와 원숭이처럼 사이가 나쁜 관계를 말해요. 여러 가지 유래가 전해지는데 그중 하나는 《서유기》에 나오는 이야기예요. 이랑진군이 개에게 원숭이인 손오공을 공격하게 했다고 해요. 이 이야기에서 유래되어, 견원지간이 원수처럼 싸우는 관계를 가리키게 된 것이지요.

생각해 보기

1. 견원지간인 사람이 있나요? 왜 사이가 나빠졌는지 떠올려 보세요.
2. 반드시 모든 사람과 잘 지내야 할까요?

배은망덕

背	恩	忘	德
배반할 배	은혜 은	잊을 망	덕 덕

베풀어 준 은혜를 잊고 배신한다는 뜻이에요.

배은망덕은 나쁜 행동이에요. 다른 사람이 나를 위해 한 노력과 희생을 잊고 의미 없는 것으로 만들어 버리는 것이기 때문이지요. 배은망덕은 고사성어가 아닌 관용어처럼 쓰이며 널리 알려졌어요. 중국에서는 배은망덕 대신 '망은부의(忘恩負义)'라는 표현을 쓴다고 해요.

생각해 보기

1. 배은망덕한 일을 당하면 기분이 어떨까요?
2. 배은망덕한 친구와는 놀지 말아야 할까요, 기회를 주어야 할까요?

수수방관

해야 할 일을 하지 않고 그저 바라만 본다는 뜻이에요.

袖	手	傍	觀
소매 수	손 수	곁 방	볼 관

예전에는 옷에 주머니가 따로 없어서, 소매에 손을 넣어 주머니처럼 사용했어요. '수수'는 소매에 손을 넣는다는 뜻이고, '방관'은 그저 바라보기만 한다는 뜻이에요. 즉 수수방관은 일이 벌어졌지만 해결하려 하지 않고 관심 없이 바라보기만 한다는 의미이지요.

생각해 보기

1. 수수방관했던 경험을 떠올려 보세요.
2. 친구가 싸울 때 말려야 할까요, 모르는 체하는 게 나을까요?

유유상종

類	類	相	從
무리 류(유)	무리 류(유)	서로 상	좇을 종

비슷한 사람끼리 서로 따르고 함께한다는 뜻이에요.

유유상종의 정확한 유래는 알려지지 않았어요. 《주역》에 '방이유취 물이군분 길흉생의(方以類聚 物以群分 吉凶生矣)'라는 말이 나와요. 세상 모든 것은 그 성질이 비슷한 것끼리 모이고, 만물은 무리를 지어 나뉘어 산다는 뜻이에요. 나중에 이 말과 연관 지어 유유상종이라는 말이 생겼다고 해요.

생각해 보기

1. 비슷한 사람끼리 같이 다니는 것을 본 경험을 떠올려 보세요.
2. 곁에 좋은 친구를 두면 좋은 사람이 된다는 말에 대해 어떻게 생각하나요?

자업자득

自	業	自	得
스스로 **자**	업 **업**	스스로 **자**	얻을 **득**

자신이 저지른 일에 대한 결과를 자신이 돌려받는다는 뜻이에요.

《정법염처경》이라는 불교 경전에서 유래된 말이에요. 자신이 살면서 해 온 일의 결과를 자신이 돌려받는다는 의미지요. 비슷한 말로는 '자승자박(自繩自縛)'이 있어요. 자신의 밧줄로 자신을 묶는다는 뜻으로, 스스로 만든 함정이나 구덩이에 자신이 빠지고 만다는 의미예요.

생각해 보기

1. 직접 겪은 자업자득의 사례를 떠올려 보세요.
2. 만약 모든 일이 자업자득이라면, 어떤 태도로 인생을 살아가는 게 맞을까요?

인과응보

因	果	應	報
인할 **인**	결과 **과**	응할 **응**	갚을 **보**

원인과 결과에는 반드시 그에 맞는 이유가 있다는 뜻이에요.

본래는 불교 용어예요. 과거나 전생의 인연에 따라 이번 생에 그에 맞는 보답을 받게 된다는 뜻이지요. 지금은 어떤 일의 결과에는 그렇게 될 수밖에 없는 이유가 있다는 의미로 쓰여요. 비슷한 말로 '업보'라는 말도 있어요. 전생에 나쁜 짓을 저지르면 이번 생에 그에 맞는 벌을 받게 된다는 거예요.

생각해 보기

1. 내가 한 행동이 그에 맞는 결과로 이어진 경험을 떠올려 보세요.
2. 정말로 착한 사람은 복을 얻고, 나쁜 사람은 벌을 받을까요?

천생연분

天	生	緣	分
하늘 천	날 생	인연 연	나눌 분

하늘이 맺어 준 인연이라는 뜻이에요.

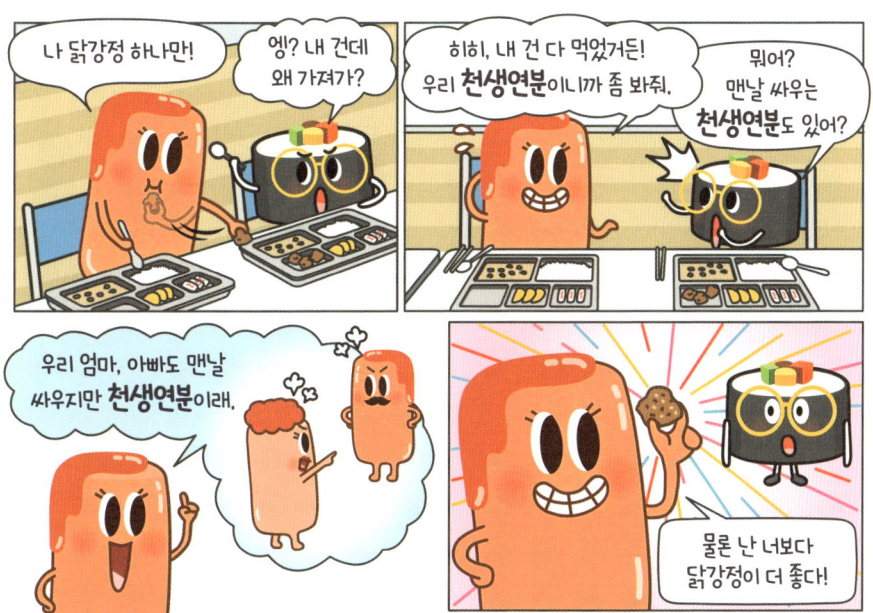

과거 시험을 준비하는 한 서생이 좋아하는 여인의 마음을 얻기 위해 공부를 열심히 했어요. 서생을 기다리던 여인은 편지를 써서 물에 띄웠는데, 물고기가 그 편지를 서생에게 전달했지요. 물고기가 둘을 이어 주는 것에 감탄한 여인의 부모는 결혼을 허락했어요. 여기서 유래된 말이 천생연분이에요.

생각해 보기

1. 주변에 천생연분처럼 보이는 사람들이 있나요?
2. 절대 싸우지 않아야만 천생연분일까요?

죽마고우

竹	馬	故	友
대나무 **죽**	말 **마**	옛 **고**	벗 **우**

어릴 때부터 함께 자란 매우 친한 친구를 뜻해요.

진나라의 은호는 전쟁에서 크게 진 후 유배를 떠나게 됐어요. 어릴 때 친하게 지냈던 환온은 유배를 간 은호를 두고 "은호는 나와 죽마고우이긴 하나 내가 버린 죽마를 타고 놀았으니, 내 앞에서 머리를 숙여야 하는 것은 당연하다"라고 말했대요.

생각해 보기

1. 여러분의 죽마고우는 누구인가요?
2. 오랜 친구와 자주 만나는 친구 중 누가 더 좋은 친구일까요?

타산지석

他	山	之	石
다를 타	산 산	어조사 지	돌 석

다른 사람의 하찮은 언행도 자신에게 도움이 될 수 있다는 말이에요.

《시경》에 타산지석과 관련된 구절이 나와요. 돌을 소인배라 하고 옥을 군자라 하여, 군자도 소인을 보고 학식을 높이며 성숙함을 이룰 수 있다고 말하고 있지요. 비슷한 말로는 '반면교사(反面敎師)'라는 말이 있어요. 안 좋은 면에서 배울 점이나 가르침을 주는 대상을 이르는 말이에요.

생각해 보기

1. 타산지석으로 삼을 만한 일을 떠올려 보세요.
2. 꼭 다른 사람의 잘못을 겪어야만 배울 수 있을까요?

어부지리

漁	夫	之	利
고기 잡을 **어**	남편 **부**	어조사 **지**	이득 **리**

두 사람이 싸우는 사이 엉뚱한 사람이 이익을 얻는다는 뜻이에요.

어느 날, 조개와 황새가 서로 싸우다가 어부에게 잡히고 말았어요. 느닷없이 어부가 이익을 얻은 것이지요. 연나라를 공격하려 하는 조나라 왕에게 한 신하가 이 이야기를 들려 주었어요. 둘이 싸우면 진나라가 이득을 볼 거라는 뜻에서요. 이 말을 들은 조나라 왕은 계획을 멈췄다고 합니다.

생각해 보기

1. 어부지리로 무언가를 얻어 본 적 있나요?
2. 어부지리로 무언가를 얻는 것은 좋은 일일까요, 아닐까요?

반포지효

反	哺	之	孝
돌이킬 **반**	먹일 **포**	어조사 **지**	효도 **효**

자식이 자란 후에 어버이의 은혜를 갚는 효심을 뜻해요.

[만화]

- 내일 어버이날인데 뭐 준비한 거 있어?
- 나는 너를 준비했지! 엄마는 네가 선물 같은 친구래.
- 그래도 **반포지효**의 도리가 있는데… 그건 아니지.
- 음…그럼 넌 뭘 준비했는데?
- 난 어제 받은 상장을 준비했지!
- 그래! 그럼 나도 상장을 준비해야겠다!
- 갑자기 어떻게?
- 나, 상 하나만 써 주라. 좋은 친구 상!

까마귀는 새끼가 태어나면 60일 동안 먹이를 물어다 준다고 해요. 이렇게 자란 새끼 까마귀가 나중에 어미에게 60일 간 먹이를 물어다 주며 은혜를 갚는다는 데서 유래한 말이에요. 까마귀의 모습을 보고 부모님에게 효도하는 마음을 본받으려 한 것이지요.

생각해 보기

1. 부모님께 어떤 효도를 해 보았나요?
2. 자식이 부모의 은혜를 갚는 것은 당연한 도리일까요?

 **초성 퀴즈**

어려운 처지에 있는 사람들이 서로를 불쌍하게 여김.
ㄷ ㅂ ㅅ ㄹ

자나 깨나 잊지 못하고 그리워함.
ㅇ ㅁ ㅂ ㅁ

사이가 매우 나쁜 관계.
ㄱ ㅇ ㅈ ㄱ

두 사람이 싸우는 사이 엉뚱한 사람이 이익을 얻음.
ㅇ ㅂ ㅈ ㄹ

누가 더 낫거나 부족함의 차이가 없이 서로 비슷함.
ㅁ ㅅ ㅁ ㅎ

자식이 자란 후에 어버이의 은혜를 갚는 효심.
ㅂ ㅍ ㅈ ㅎ

하늘이 맺어 준 인연.
ㅊ ㅅ ㅇ ㅂ

어릴 때부터 함께 자란 매우 친한 친구.
ㅈ ㅁ ㄱ ㅇ

베풀어 준 은혜를 잊고 배신함.
ㅂ ㅇ ㅁ ㄷ

비슷한 사람끼리 서로 따르고 함께함.
ㅇ ㅇ ㅅ ㅈ

정답 동병상련, 오매불망, 견원지간, 어부지리, 막상막하, 반포지효, 천생연분, 죽마고우, 배은망덕, 유유상종

Step 2

독서·공부

여러분은 책을 읽고 공부하는 일을 좋아하나요? 독서, 공부와 관련된 사자성어로는 독서에 푹 빠져 있다는 뜻의 '독서삼매', 낮에는 일하고 밤에는 공부한다는 뜻의 '주경야독' 등이 있어요. 이런 사자성어의 뜻을 하나하나 살펴보면, 책을 읽고 공부하는 일이 얼마나 귀중한 일인지 알 수 있어요.

너 어제 사자성어 공부했다며?

- 독서삼매 ☐
- 맹모삼천 ☐
- 괄목상대 ☐
- 청출어람 ☐
- 자포자기 ☐
- 일취월장 ☐
- 주경야독 ☐
- 학이시습 ☐
- 교학상장 ☐
- 문방사우 ☐
- 대기만성 ☐
- 환골탈태 ☐
- 작심삼일 ☐
- 개과천선 ☐
- 백발백중 ☐
- 박학다식 ☐
- 명불허전 ☐
- 절차탁마 ☐
- 형설지공 ☐
- 온고지신 ☐

응, 책 베고 꿈속에서 외웠지!

독서삼매

讀	書	三	昧
읽을 독	글 서	석 삼	새벽 매

온 마음을 다해 독서에 집중하는 모습을 말해요.

'삼매', 또는 '삼매경'은 불교 용어로, 오로지 하나의 대상에만 집중하는 것을 말해요. 동양에서는 예로부터 교육에 관심이 많고, 열심히 공부해서 높은 관직에 오르는 것이 큰 영광이라고 여겼어요. 공자는 "배우고 때때로 익히면 이 또한 즐겁지 아니한가"라고도 했지요. 맹자 또한 천하의 즐거움 세 가지 중 한 가지가 영재를 얻어 교육하는 것이라고 했어요.

생각해 보기

1. 어떤 책에 푹 빠져 보았나요?
2. 책을 꼭 읽어야만 할까요, 읽지 않아도 될까요?

대기만성

大	器	晚	成
클 대	그릇 기	늦을 만	이룰 성

크게 될 사람은 뒤늦게 두각을 보이며 성공한다는 뜻이에요.

삼국 시대 최염이라는 사람이 있었어요. 뭐든 잘하고 성품도 좋아 스승인 조조가 그를 좋아했지요. 반면 그의 사촌 동생 최임은 부족한 외모 때문에 빛을 보지 못했어요. 최염은 최임을 안쓰럽게 여겼어요. 큰 솥은 만들어지는데 시간이 많이 걸리는 법이니, 최임 또한 훗날 크게 성공할 것이라며 위로했지요. 결국 최임은 높은 자리까지 오를 수 있었어요.

생각해 보기

1. 대기만성하려면 어떻게 해야 할까요?
2. 이른 나이에 빠르게 성공하는 것과 대기만성하는 것 중 어느 쪽이 좋을까요?

맹모삼천

孟	母	三	遷
맏 **맹**	어미 **모**	석 **삼**	옮길 **천**

어머니가 교육을 위해 좋은 환경을 선택하는 것을 말해요.

맹자는 아버지를 여의고 어머니 아래에서 자랐어요. 어머니가 공동묘지 근처로 이사했더니, 맹자는 장례를 흉내 내며 놀았어요. 놀란 어머니가 시장 근처로 이사했더니, 맹자는 장사꾼을 흉내 내며 놀았지요. 그래서 서당 옆으로 이사하자, 맹자는 글 읽는 놀이를 했어요. 여기에서 맹모삼천이라는 말이 생겼답니다.

생각해 보기

1. 부모님이 여러분의 교육을 위해 노력하고 계신 게 무엇이 있을까요?
2. 아이들의 교육을 위해 부모님이 꼭 희생해야 할까요?

환골탈태

換	骨	奪	胎
바꿀 환	뼈 골	빼앗을 탈	아이 밸 태

완전히 다른 사람처럼, 몰라볼 정도로 좋게 변한 것을 이르는 말이에요.

주나라 교 왕자는 아버지인 영왕에게 백성을 위한 정치를 하라고 직언했다가 궁에서 쫓겨났어요. 교 왕자는 산속 강가에서 신선들을 만나, 신선이 되는 술을 마셨지요. 그러고는 환골탈태하여 신선이 되었어요. 이 이야기에서 환골탈태라는 말이 생겼어요.

생각해 보기

1. 환골탈태하려면 버려야 하는 나의 나쁜 습관은 무엇인가요?
2. 환골탈태는 꼭 필요한 일일까요?

괄목상대

刮	目	相	對
깎을 괄	눈 목	서로 상	대할 대

눈을 비비고 볼 정도로 재주나 실력이 대단히 발전한 모습을 말해요.

괄목상대는 눈을 비비고 다시 보며 대한다는 뜻으로, 《삼국지》에서 유래한 말이에요. 여몽이라는 선비가 예전에 비해 아주 많이 발전한 모습으로 나타났어요. 이에 노숙이라는 사람이 놀랐지요. 여몽은 "선비는 사흘만 지나 만나도 다시 봐야 할 정도로 달라져 있어야 합니다"라고 말했대요.

생각해 보기

1. 괄목상대할 만큼 발전하고 싶은 것이 있나요?
2. 괄목상대한 사람을 보면 용기가 생기나요, 아니면 자신감이 떨어지나요?

작심삼일

作	心	三	日
지을 작	마음 심	석 삼	날 일

계획한 것을 오래 실천하지 못하는 상황을 뜻해요.

작심삼일은 마음먹은 것이 사흘을 못 간다는 말이에요. 단순히 의지 부족만을 의미하는 것은 아니랍니다. 목표가 현실과 동떨어져 있는데 무작정 시작하면, 작심삼일로 끝나기 쉽지요. 따라서 현실적이고 구체적인 목표를 세워 꾸준히 실천하는 것이 중요해요. "시작이 반이다"라는 말이 있는 것처럼요.

생각해 보기

1. 여러분이 작심삼일하게 되는 일은 무엇인가요?
2. 능력이 부족한 것을 의지로 극복할 수 있을까요?

청출어람

靑	出	於	藍
푸를 청	날 출	어조사 어	쪽 람

푸른색이 쪽보다 푸르다, 즉 제자가 스승보다 낫다는 뜻이에요.

옛 군자들은 배움을 그치치 않아야 한다고 했어요. 푸른 물감은 쪽풀에서 얻은 것이지만 쪽풀보다도 푸르고, 얼음은 물이 변한 것인데도 물보다 차갑지요. 그러니 배움을 계속하면 스승보다 더 나아질 수 있어요. 예전에는 배움의 중요성을 강조하는 말이었는데, 지금은 제자가 스승보다 뛰어난 상황을 가리켜요.

생각해 보기

1. 청출어람하고 싶은 과목이나 분야가 있나요?
2. 제자와 스승은 경쟁할 수 있는 사이일까요?

개과천선

지난날의 잘못이나 허물을 고쳐, 착하고 올바르게 된다는 뜻이에요.

改	過	遷	善
고칠 개	잘못 과	옮길 천	착할 선

중국 진나라에 살던 주처는 젊은 시절 마을에서 악명을 떨치던 사람이었어요. 하지만 어느 날 자신의 잘못을 깊이 뉘우치고 학문에 정진했지요. 그러더니 훌륭한 학자가 되어 바른 삶을 살게 되었다고 해요. 개과천선은 여기에서 유래한 말이에요.

생각해 보기

1. 잘못을 고치려면 어떻게 해야 할까요?
2. 사람은 완전히 달라질 수 있을까요?

자포자기

스스로 자신을 포기하고 모든 희망을 버린 상태를 뜻해요.

自	暴	自	棄
스스로 자	사나울 포	스스로 자	버릴 기

맹자는 자기를 해치는 자는 함께 말할 수 없고 자기를 버리는 자는 함께 일할 수 없다고 했어요. 자포자기는 '자기를 해치는 자', 즉 '자포자(自暴者)'와 자기를 버리는 자, 즉 '자기자(自棄者)'를 한데 묶어서 일컫는 말이에요. 지금은 스스로 완전히 포기하는 것을 가리키는 말에 가까워요.

생각해 보기

1. 자포자기하고 싶었던 순간을 떠올려 보세요.
2. 어떤 일을 계속 실패하면 포기해야 할까요, 계속 해야 할까요?

백발백중

百	發	百	中
일백 **백**	쏠 **발**	일백 **백**	맞을 **중**

무슨 일이든 틀림없이 잘 들어맞는 것을 말해요.

백발백중은 백 번 쏘아 백 번 모두 맞힌다는 뜻이에요. 중국 초나라 양유기의 이야기에서 유래했지요. 양유기는 활을 무척 잘 쏘았어요. 백 보 떨어진 곳에서 버드나무 잎을 쏘아 백 번 모두 맞히는 놀라운 실력을 가지고 있었다고 해요. 같은 의미로 '백보천양(百步穿楊)'이라는 사자성어도 있어요.

생각해 보기

1. 백발백중으로 잘 해내고 싶은 일은 무엇인가요?
2. 꾸준히 노력하면 무엇이든 잘하게 될까요?

일취월장

日	就	月	將
날 **일**	나아갈 **취**	달 **월**	장차 **장**

하루가 다르게 성장하고 나아지는 것을 뜻해요.

중국 주나라의 성왕이 신하들에게 보낸 시에 다음 내용이 있었어요. "날마다 나아가고(일취) 매달 발전하니(월장), 배움이 밝은 곳에 이르게 될 것이다"라는 이야기 말이에요. 자신도 학문을 열심히 닦을 것이니, 신하들도 열심히 공부하고 덕행을 갖추어 달라고 한 거예요.

생각해 보기

1. 스스로 일취월장하고 있다고 생각하는 것이 있나요?
2. 꾸준히 하는 것과 잘하는 것 중 무엇이 더 중요할까요?

박학다식 博學多識

넓게 배우고 아는 것이 많다는 뜻이에요.

博	學	多	識
넓을 박	배울 학	많을 다	알 식

박학다식은 단지 아는 지식이 많은 것만 가리키는 말이 아니에요. 배운 것을 실천하고 지혜롭게 활용하는 태도를 가리키지요. 예전 유학자들은 경전뿐만 아니라 역사, 철학, 문학 등 다양한 분야를 공부하며 박학다식해지려 힘썼어요. 폭넓은 지식을 쌓아 사회 여러 분야를 발전시키려 한 것이지요.

생각해 보기

1. 나는 어떤 것에 박학다식해지고 싶나요?
2. 폭넓게 박학다식한 사람, 한 분야에 전문적인 사람 중 무엇이 더 좋을까요?

주경야독

晝	耕	夜	讀
낮 **주**	밭 갈 **경**	밤 **야**	읽을 **독**

낮에는 밭을 갈고 밤에는 책을 읽는다는 뜻이에요.

중국 《최강전》의 주인공 최강은 집안이 가난했어요. 그런데도 낮에는 다른 사람의 밭을 갈아 주고 밤에는 공부를 해서 높은 자리에 올랐어요. 역사책을 쓰는가 하면 임금이 될 태자에게 공부도 가르쳐 주었지요. 여기에서 유래된 말이 주경야독이에요. 어려운 환경에서도 꿋꿋이 공부하는 것을 이르지요.

생각해 보기

1. 여러분이 아는 위인 중, 주경야독한 사람이 있나요?
2. 목표를 이루기 위해서는 밤낮으로 일하고 공부해야 할까요?

명불허전

名	不	虛	傳
이름 명	아닐 불	빌 허	전할 전

소문난 대로 아주 훌륭하다는 뜻이에요.

명불허전은 명성은 헛되이 전해지는 것이 아니라는 뜻이에요. 예를 들어, 오랜 역사를 자랑하는 맛집이나 뛰어난 운동선수에게 명불허전이라고 하지요. 명성은 오랜 시간 노력한 결과 얻은 것임을 강조하는 말이에요. 명성에 미치지 못한 경우는 "소문난 잔치에 먹을 것이 없다"와 같은 속담을 써서 표현하기도 해요.

생각해 보기

1. 주변에 명불허전이라고 할 만한 것이 있나요?
2. 소문난 명불허전 맛집은 무조건 가 봐야 할까요?

학이시습

學	而	時	習
배울 학	말 이을 이	때 시	익힐 습

배우고 때로 익힌다는 뜻으로, 배움과 연습의 중요성을 가리켜요.

학이시습은 《논어》 첫 구절이에요. '배우고 때때로 익히면 또한 기쁘지 않은가'라는 문장에서 따온 말이에요. 배우고 느낀 것을 시시때때로 실천하라는 뜻이지요. 그렇게 해야 올바른 지식과 훌륭한 인격이 형성된다고 본 것이에요. 참고로, 이 말 뒤에는 '먼 곳에서 벗이 오면 즐겁지 않은가'라는 말이 이어져요.

생각해 보기

1. 여러분은 어떤 과목 공부를 학이시습하고 있나요?
2. 학생은 꼭 공부를 해야 할까요?

절차탁마

切	磋	琢	磨
끊을 절	갈 차	다듬을 탁	갈 마

학문이나 기예를 갈고닦는 것을 비유적으로 나타내는 말이에요.

절차탁마는 《시경》에서 유래한 말이에요. 원래는 옥이나 돌 따위를 갈고닦아 빛을 낸다는 뜻이지요. 뼈를 깎는 듯한 어려움을 참고 모난 곳을 깎아내며 수행한 군자는 원석을 갈고 다듬은 것처럼 빛이 난다고 해요. 그래서 절차탁마를 학문이나 인품을 끊임없이 갈고닦는 모습을 비유하는 말로 쓰게 되었지요.

생각해 보기

1. 처음에는 어려웠지만 꾸준히 연습해서 성공해 본 경험이 있나요?
2. 노력과 뛰어난 재능 중 어느 것이 더 중요할까요?

교학상장

가르치고 배우면서 같이 성장한다는 뜻이에요.

教	學	相	長
가르칠 교	배울 학	서로 상	나을 장

《예기》에 나오는 사자성어예요. 좋은 안주도 먹어 보지 않으면 맛을 알 수 없고, 참된 진리도 배우지 않으면 알 수 없어요. 마찬가지로 배워야 부족함을 알 수 있고, 가르친 후에야 어려움을 알 수 있어요. 즉, 스승과 제자도 한쪽이 가르치기만 하는 것이 아니라, 서로 배우며 같이 성장해야 한다는 것이지요.

생각해 보기

1. 누군가와 서로 가르치고 배웠던 경험을 떠올려 보세요.
2. 어른이 어린이에게 배울 점이 있다면 무엇일까요?

형설지공

반딧불·눈빛으로 글을 읽으며 고생하면서 공부하는 자세를 의미해요.

螢	雪	之	功
반딧불이 **형**	눈 **설**	어조사 **지**	공 **공**

중국 진나라 때 차윤과 손강이라는 사람이 가난해서 등불을 켤 기름을 살 수 없었다고 해요. 그래서 차윤은 여름밤에 반딧불이를 모아 그 빛으로 책을 읽었어요. 또, 손강은 겨울밤에 쌓인 눈에 반사되는 달빛을 이용하여 책을 읽었지요. 이 고사에서 유래된 말이 형설지공이에요.

생각해 보기

1. 어려운 환경에서 꿈을 이루려 노력하는 사람들을 보면 어떤 생각이 드나요?
2. 어려운 환경이 꿈을 이루는 데 항상 방해만 될까요?

문방사우

文	房	四	友
글월 **문**	방 **방**	넉 **사**	벗 **우**

글 쓸 때 필요한 네 친구인 종이, 붓, 먹, 벼루를 말해요.

옛 문인들은 책을 읽거나 쓰는 도구를 '문방'이라고 부르며 특별히 소중하게 여겼어요. '사우'라는 말은 남당의 이욱 황제가 만들게 한 네 가지 문구를 가리켜요. '남당의 네 가지 보물'로 여기며 소중히 다뤘답니다. 문구를 얼마나 사랑했으면 네 가지 문구를 나라의 보물로 여겼을까요?

생각해 보기

1. 여러분이 공부할 때 꼭 필요한 것 네 가지를 떠올려 보세요.
2. 공부를 잘하기 위해 중요한 것이 무엇이라고 생각하나요?

온고지신

옛것을 익히고 그것을 통해 새것을 안다는 뜻이에요.

溫	故	知	新
따뜻할 온	옛 고	알 지	새 신

《논어》에 나오는 말이에요. 공자가 제자들에게 옛것을 배우고 새로운 것을 깨닫는 것의 중요성을 강조한 데서 유래되었어요. 공자는 옛것을 그대로 따라 하며 답습하는 것이 아니라, 옛것을 통해 새로운 것을 창조하는 태도를 중요하게 여겼어요.

생각해 보기

1. 좋아하는 옛날 물건이나 이야기가 있나요?
2. 옛것으로 새로운 것을 만드는 방법은 무엇이 있을까요?

초성 퀴즈

학문이나 기예를 갈고닦는 것.	제자가 스승보다 나음.
ㅈ ㅊ ㅌ ㅁ	ㅊ ㅊ ㅇ ㄹ

낮에는 밭을 갈고 밤에는 책을 읽음.	반딧불·눈빛으로 글을 읽으며 고생하면서 공부하는 자세.
ㅈ ㄱ ㅇ ㄷ	ㅎ ㅅ ㅈ ㄱ

배우고 때로 익힘.	스스로 자신을 포기하고 모든 희망을 버린 상태.
ㅎ ㅇ ㅅ ㅅ	ㅈ ㅍ ㅈ ㄱ

글 쓸 때 필요한 네 친구인 종이, 붓, 먹, 벼루를 말함.	넓게 배우고 아는 것이 많음.
ㅁ ㅂ ㅅ ㅇ	ㅂ ㅎ ㄷ ㅅ

눈을 비비고 볼 정도로 재주나 실력이 대단히 발전함.	계획한 것을 오래 실천하지 못하는 상황.
ㄱ ㅁ ㅅ ㄷ	ㅈ ㅅ ㅅ ㅇ

정답 절차탁마, 청출어람, 주경야독, 형설지공, 학이시습, 자포자기, 문방사우, 박학다식, 괄목상대, 작심삼일

Step 3

말·마음

말이나 마음과 관련된 사자성어도 많아요. 달콤한 말로 다른 사람의 마음을 얻으려고 한다는 뜻의 '감언이설', 다른 사람의 어려움을 동정한다는 뜻을 가진 '측은지심'과 같은 사자성어가 있지요.

친구들과 관계를 맺고 생활하다 보면 말을 가려서 해야 한다는 것, 마음을 잘 써야 한다는 것을 느낄 거예요.

말은 많이 한다고 무조건 좋은 게 아니래.

감언이설 ☐	교언영색 ☐
측은지심 ☐	동상이몽 ☐
동문서답 ☐	요령부득 ☐
단도직입 ☐	중언부언 ☐
횡설수설 ☐	마이동풍 ☐
시시비비 ☐	유구무언 ☐
이심전심 ☐	삼고초려 ☐
언중유골 ☐	금시초문 ☐
칠전팔기 ☐	인지상정 ☐
일편단심 ☐	공명정대 ☐

하하, 내가 말이 너무 많다는 뜻이야?

감언이설

甘	言	利	說
달 **감**	말씀 **언**	이로울 **리(이)**	말씀 **설**

상대를 현혹하는 달콤하고 이로운 말을 가리켜요.

중국 역사에서 최악의 간신으로 알려진 이임보는 당나라 현종 때의 정치가였어요. 그는 아는 것이 많지도, 충성심이 깊지도 않았답니다. 하지만 눈앞의 이익이 되는 말로 현종의 마음을 얻곤 했어요. 이임보는 현종의 마음에 드는 말, 즉 감언이설만 하면서 정직한 신하들의 조언이나 백성들의 말은 전해지지 않게 했어요.

생각해 보기

1. 감언이설에 속지 않으려면 어떻게 해야 할까요?
2. 다른 사람의 마음을 얻기 위해서 감언이설을 하는 게 맞을까요?

교언영색

巧	言	令	色
교묘할 **교**	말씀 **언**	좋을 **영**	낯 **색**

남에게 잘 보이려고 아첨하는 말과 보기 좋게 꾸민 표정을 의미해요.

공자는 제자들에게 "교묘한 말과 아첨하는 얼굴빛을 하는 사람은 인(仁)이 적다"며, 진심을 중요하게 여기라고 했어요. 겉모습에 속지 말고 사람의 진짜 마음을 알아보아야 한다고 강조했지요. 교언영색은 듣기 좋은 말과 표정에 속지 말고, 그 속에 숨겨진 진짜 마음을 알아봐야 한다는 걸 알려 주는 말이에요.

생각해 보기

1. 남에게 잘 보이려고 거짓말을 한 적 있나요?
2. 교언영색은 사회생활을 할 때 필요할까요?

측은지심

타인의 어려움이나 불행을 가엾게 여기는 마음이에요.

惻	隱	之	心
슬퍼할 **측**	숨을 **은**	어조사 **지**	마음 **심**

맹자는 인간은 착한 마음을 타고났다는 성선설을 주장했어요. 그리고 선함을 싹 틔우는 네 가지 마음씨를 제시했어요. 이것은 각각 인(仁/사랑), 의(義/옳음), 예(禮/예의), 지(智/지혜)이지요. 측은지심은 이 중에서 인에서 우러나는 공감의 마음을 가리켜요.

생각해 보기

1. 측은지심을 느꼈던 경험을 떠올려 보세요.
2. 어려운 상황에 처한 사람을 반드시 도와야 할까요?

동상이몽

同	牀	異	夢
같을 동	평상 상	다를 이	꿈 몽

겉으로는 같이 행동하며 속으로 서로 다른 생각을 하는 상황을 말해요.

동상이몽은 원래 '동상각몽(同牀各夢)'이라는 말에서 비롯되었어요. 이는 본래 중국의 문학가 풍몽룡이 지은 책에 나오는 말이에요. 부부가 같은 침상에서 잠을 자면서 서로 다른 꿈을 꾼다는 내용에서 유래했지요. 겉으로는 함께 행동하지만 속으로는 다른 생각을 품고 있는 상황을 비유적으로 나타내는 말이에요.

생각해 보기

1. 동상이몽의 상황에 놓인 적이 있나요?
2. 가족이나 친한 친구끼리는 항상 같은 생각을 해야 할까요?

동문서답

물음과는 전혀 상관없는 엉뚱한 답을 말해요.

東	問	西	答
동쪽 동	물을 문	서쪽 서	답할 답

동문서답의 유래는 중국 고전 《한비자》에서 찾을 수 있어요. 왕이 신하에게 중요한 질문을 했는데 신하가 엉뚱한 대답을 한 상황을 가리킬 때 쓰인 말이에요. 이밖에도 입장이 달라 상대방의 질문을 일부러 무시하는 상황에서 쓰기도 한답니다.

생각해 보기

1. 동문서답을 한 경험을 떠올려 보세요.
2. 사람들이 동문서답을 하는 이유는 무엇일까요?

요령부득

要	領	不	得
중요할 요	요령 령	아닐 부	얻을 득

말이나 글에서 핵심을 알 수 없다는 뜻이에요.

한나라 무제는 흉노족을 견제하려고 월지족과의 동맹을 추진했어요. 그래서 장건을 사신으로 보냈지만, 장건은 10년이 넘게 흉노에 붙잡혀 있었어요. 그러다 어렵게 월지족에게 갔지만 월지왕은 동맹을 거부했어요. 장건은 한참이 지나도록 임무를 완수하지 못했고, 이 일이 요령부득이라고 기록됐지요.

생각해 보기

1. 어려운 문제를 풀면서 요령부득이라고 느낀 적이 있나요?
2. 요령부득의 상황은 피해야 할까요, 정면 돌파해야 할까요?

단도직입

필요한 말만 정확히 하는 것을 뜻해요.

單	刀	直	入
홑 단	칼 도	곧을 직	들 입

송나라 《경덕전등록》이라는 책에 나오는 이야기예요. 한 스님이 만약 장수가 되어 싸우려면, 이러쿵저러쿵 말하지 말고 칼 한 자루만 몸에 품고 적진에 쳐들어가라고 했대요. 단도직입은 이 이야기에서 유래된 말로, 여러 말을 늘어놓지 말고 목표만 생각하라는 뜻입니다.

생각해 보기

1. 단도직입으로 말해 본 적 있나요?
2. 필요한 말이라면 상대의 기분과 상관없이 단도직입으로 말해도 될까요?

중언부언

重	言	復	言
거듭할 중	말씀 언	다시 부	말씀 언

이미 한 말을 자꾸 되풀이한다는 뜻이에요.

조선 시대 실학자 박지원이 쓴 《허생전》에 이 말이 쓰였어요. 남에게 무언가 빌리러 오는 사람은 괜히 과장해서 말하고 비굴함이 얼굴에 드러나며, 말을 중언부언한다고 하지요. 반대로, 물이 흐르듯 막힘없이 말을 잘한다는 뜻의 사자성어로는 '청산유수(靑山流水)'가 있어요.

생각해 보기

1. 나는 어떤 상황에서 중언부언하는 편인가요?
2. 중언부언하는 사람에게 어떻게 반응하는 것이 좋을까요?

횡설수설

요점을 알 수 없게 말을 늘어놓는 것을 가리켜요.

橫	說	竪	說
가로 **횡**	말씀 **설**	세울 **수**	말씀 **설**

《장자》에 처음 나온 말이에요. 위나라의 신하 여신은 왕에게 여러 번 옳은 말을 했지만 칭찬을 받지 못했어요. 반면 서무귀는 짧은 대화만으로도 왕을 크게 웃게 하고 칭찬도 받았지요. 횡설수설은 원래 많은 지식을 가지고 여러 관점으로 사람들을 가르친다는 뜻이었는데, 지금은 두서없이 아무렇게나 말을 한다는 뜻으로 쓰이고 있어요.

생각해 보기

1. 횡설수설 말했던 경험이 있나요?
2. 횡설수설하는 사람의 말은 중간에 끊어도 될까요?

마이동풍

馬	耳	東	風
말 **마**	귀 **이**	동쪽 **동**	바람 **풍**

남의 말을 귀담아 듣지 않고 흘려 버리는 것을 의미해요.

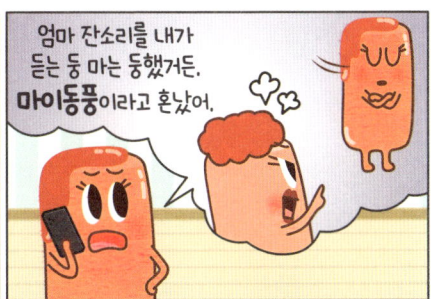

당나라 시인 이백의 시 〈답왕십이한야독작유회〉에서 유래했어요. 이 시에서 이백은 자신의 처지를 가리켜 "세상 사람들은 내 말을 마이동풍으로 흘려듣는다"고 표현했어요. 세상이 자신의 재능을 알아주지 않는 것에 대한 안타까움을 나타낸 말이지요. 이후 마이동풍은 남의 말을 무시하거나 듣지 않는 태도를 비유하는 말로 사용되고 있어요.

생각해 보기

1. 다른 사람의 말을 마이동풍으로 흘려들은 적이 있나요?
2. 다른 사람의 말을 무조건 귀 기울여 들어야 할까요?

시시비비

옳은 것과 아닌 것이라는 뜻으로, 옳고 그름을 따지는 것을 말해요.

是	是	非	非
옳을 **시**	옳을 **시**	아닐 **비**	아닐 **비**

조선 시대 순조 때 김병연은 할아버지가 역적이었다는 사실을 모르는 채 장원급제를 했어요. 할아버지를 놀림감으로 만든 시로 장원을 한 것이 부끄러웠던 김병연은 김삿갓으로 이름을 바꾸고 사라졌어요. 이후 김삿갓은 옳고 그름을 나누기 어렵다는 내용의 〈시시비비〉라는 시를 썼고, 이는 잘잘못을 가릴 때 사용하는 말이 되었답니다.

생각해 보기

1. 시시비비를 가려 본 적이 있나요?
2. 사소한 일도 반드시 시시비비를 가려야 할까요?

유구무언

有 口 無 言
있을 유 / 입 구 / 없을 무 / 말씀 언

변명할 말이 없거나 못하는 것을 이르는 말이에요.

유구무언은 고사에서 유래된 말은 아니예요. 예로부터 자신의 잘못 때문에 부끄러운 상황에 처했을 때 사용한 말이지요. 한자 뜻 그대로, 입은 있지만 꿀 먹은 벙어리처럼 아무 말도 할 수 없는 상황을 가리켜요. 자신의 잘못을 인정하고 반성하는 태도를 뜻하는 것이지요. 또한, 답답한 상황에서 속마음을 표현하지 못하는 안타까움을 나타내기도 해요.

생각해 보기

1. 잘못을 저질렀을 때 솔직하게 인정하는 편인가요?
2. 유구무언은 반드시 나쁜 것일까요?

이심전심

以	心	傳	心
써 **이**	마음 **심**	전할 **전**	마음 **심**

마음에서 마음으로 전한다는 뜻으로, 말없이 마음이 통할 때 써요.

석가모니가 영취산에서 제자들을 가르치던 중, 하늘에서 꽃비가 내렸어요. 그는 연꽃 한 송이를 들어 보였어요. 그 자리에 있던 제자 중 오직 가섭만이 그 의미를 깨닫고 웃었어요. 말없이 불교의 교리가 전해진 것이지요. 이 일이 마음과 마음으로 진리를 전하는 이심전심의 유래가 되었답니다.

생각해 보기

1. 여러분과 이심전심으로 마음이 통하는 친구는 누구인가요?
2. 가족끼리는 꼭 이심전심이어야 할까요?

삼고초려

三	顧	草	廬
석 **삼**	돌아볼 **고**	풀 **초**	오두막집 **려**

인재를 얻기 위해 참을성 있게 노력하는 것을 의미해요.

삼국 시대, 유비가 제갈량을 얻기 위해 그의 초가집을 세 번 찾아간 이야기에서 유래했어요. 처음 두 번은 제갈량을 만나지 못했지만, 세 번째 방문한 끝에 마침내 그를 만날 수 있었어요. 이렇듯 삼고초려는 인재를 존중하고 간절하게 원하는 마음을 나타내는 말이에요.

생각해 보기

1. 간절히 원하는 것을 얻기 위해 어떤 노력까지 해 본 적이 있나요?
2. 삼고초려는 효율적인 방법일까요?

언중유골

言	中	有	骨
말씀 언	가운데 중	있을 유	뼈 골

부드러운 말 속에 분명한 속뜻이 담겨 있을 때 써요.

말 가운데 뼈가 있다는 뜻이에요. 말을 있는 그대로 전하기가 좀 애매할 때 말 안에 속뜻을 은근히 담기도 하지요. 언뜻 들으면 농담 같지만 사실 그 안에 진심이나 비판이 담겨 있기도 해요. 상대방의 마음을 상하지 않게 하면서 중요한 내용을 전하기도 하고요.

생각해 보기

1. 언중유골이라 생각했던, 다른 사람이 한 말을 떠올려 보세요.
2. 상대방이 오해할 수 있는 언중유골은 꼭 필요할까요?

금시초문

이제서야 처음으로 들었다는 뜻이에요.

今	時	初	聞
이제 금	때 시	처음 초	들을 문

금시초문은 특별히 어떤 고사에서 유래된 말은 아니에요. 하지만 예로부터 어떤 사실을 처음 알게 되었을 때 사용해 왔지요. 마치 새로운 세계를 발견한 것처럼 놀라운 것을 나타내요. 새로운 정보나 지식을 접했을 때의 반응을 표현하기도 하지요.

생각해 보기

1. 나는 어떤 이야기를 금시초문으로 접했을 때 가장 놀랐나요?
2. 주변에서 벌어지는 모든 소식을 꼭 잘 알아야 할까요?

칠전팔기

七	顚	八	起
일곱 **칠**	넘어질 **전**	여덟 **팔**	일어날 **기**

일곱 번 넘어져도 여덟 번 일어난다는 말이에요.

중국 송나라 때 이야기예요. 전투에 패한 장수가 작은 굴에 숨었어요. 굴 입구에 쳐진 거미줄을 일곱 번이나 걷어 냈지만, 거미는 여덟 번 줄을 쳤지요. 얼마 후 찾아온 적군이 거미줄로 막힌 입구를 보고는 수색할 필요가 없다며 돌아갔어요. 거미의 끈질긴 모습에 감명받은 장수는 다시 싸워 큰 공을 세웠다고 해요.

생각해 보기

1. 칠전팔기 정신으로 계속하고 있는 일이 있나요?
2. 여러 번 시도해도 실패한다면 포기하는 것이 나을까요?

인지상정

사람이면 누구나 가지는 보통의 마음이라는 뜻이에요.

人	之	常	情
사람 인	어조사 지	항상 상	뜻 정

인지상정은 예로부터 인간의 보편적인 감정과 심리를 표현할 때 자주 쓰인 표현이에요. 인지상정은 인간의 본성에 대한 이해를 바탕으로, 타인을 이해하고 공감하는 태도를 강조하는 말이지요. 그런 마음이 드는 것은 마치 물이 높은 곳에서 낮은 곳으로 흐르는 것처럼 자연스러운 현상이라고 보았답니다.

생각해 보기

1. 친구가 슬퍼하는 모습을 보고 같이 슬펐던 적이 있나요?
2. 다른 사람의 마음을 꼭 이해해야 할까요?

일편단심

一	片	丹	心
하나 **일**	조각 **편**	붉을 **단**	마음 **심**

한 조각의 붉은 마음이라는 뜻으로, 변하지 않는 마음을 가리켜요.

두 편의 시조, 정몽주의 〈이 몸이 죽고 죽어 일백 번 고쳐 죽어〉와 박팽년의 〈까마귀 눈비 맞아 희는 듯 검노매라〉에 모두 '임 향한 일편단심'이 등장해요. 변하지 않는 마음과 충성을 표현하는 말이에요. 어떤 고난이 있더라도 사랑하는 이를 향한 진심은 변하지 않을 것이라는 마음을 담았지요.

생각해 보기

1. 일편단심으로 좋아하고 있는 것이 있나요?
2. 일편단심이었던 마음이 변할 수 있을까요?

공명정대

하는 일이나 태도가 그릇됨 없이 정당한 것을 말해요.

公	明	正	大
공평할 공	밝을 명	바를 정	클 대

예로부터 사람들은 공평하고 바르게 행동하는 것을 큰 미덕으로 여겼어요. 공명정대는 정치나 법, 교육 등의 분야에서 공정함과 올바름의 기준을 나타내는 데 자주 쓰였어요. 공명정대하게 행동하려면 사사로운 욕심을 버리고, 모든 일을 밝고 정직하게 판단해야 해요.

생각해 보기

1. 주변에 공명정대한 사람이 있나요?
2. 잘못된 것을 반드시 엄격하게 따져야 할까요?

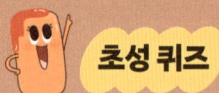

초성 퀴즈

겉으로는 같이 행동하며 속으로 서로 다른 생각을 하는 상황.
ㄷ ㅅ ㅇ ㅁ

타인의 어려움이나 불행을 가엾게 여기는 마음.
ㅊ ㅇ ㅈ ㅅ

필요한 말만 정확히 하는 것.
ㄷ ㄷ ㅈ ㅇ

남의 말을 귀담아 듣지 않고 흘려버리는 것.
ㅁ ㅇ ㄷ ㅍ

요점을 알 수 없게 말을 늘어놓음.
ㅎ ㅅ ㅅ ㅅ

한 조각의 붉은 마음이라는 뜻으로, 변하지 않는 마음을 이름.
ㅇ ㅍ ㄷ ㅅ

일곱 번 넘어져도 여덟 번 일어난다는 말.
ㅊ ㅈ ㅍ ㄱ

옳고 그름을 따지는 것.
ㅅ ㅅ ㅂ ㅂ

인재를 얻기 위해 참을성 있게 노력하는 것.
ㅅ ㄱ ㅊ ㄹ

변명할 말이 없거나 못하는 것.
ㅇ ㄱ ㅁ ㅇ

정답 동상이몽, 측은지심, 단도직입, 마이동풍, 횡설수설, 일편단심, 칠전팔기, 시시비비, 삼고초려, 유구무언

Step 4

태도·자세

하던 일에 진전이 없다면 마음을 가다듬고 '심기일전'하는 것이 어떨까요? 준비를 철저히 하는 '유비무환'의 자세를 갖추는 것도 좋겠지요?
이렇게 우리가 살아가면서 필요한 태도나, 반대로 바람직하지 못한 태도를 가리키는 사자성어가 있어요. 하나하나 뜻을 알고 배우다 보면 어떤 자세로 살아가면 좋을지 생각할 수 있을 거예요.

너 대체 무슨 케이크 먹을 거야? 좌고우면이 심하네.

심기일전 ☐	후안무치 ☐
유비무환 ☐	과유불급 ☐
십시일반 ☐	좌고우면 ☐
표리부동 ☐	주마간산 ☐
호시탐탐 ☐	안빈낙도 ☐
차일피일 ☐	경거망동 ☐
시종일관 ☐	살신성인 ☐
천진난만 ☐	분골쇄신 ☐
호언장담 ☐	불철주야 ☐
솔선수범 ☐	결초보은 ☐

딸기냐, 초코냐, 이건 일생일대의 선택이라고!

심기일전

心	機	一	轉
마음 심	틀 기	하나 일	구를 전

마음의 틀이 한 번 바뀐다는 뜻으로, 새롭게 마음먹을 때 써요.

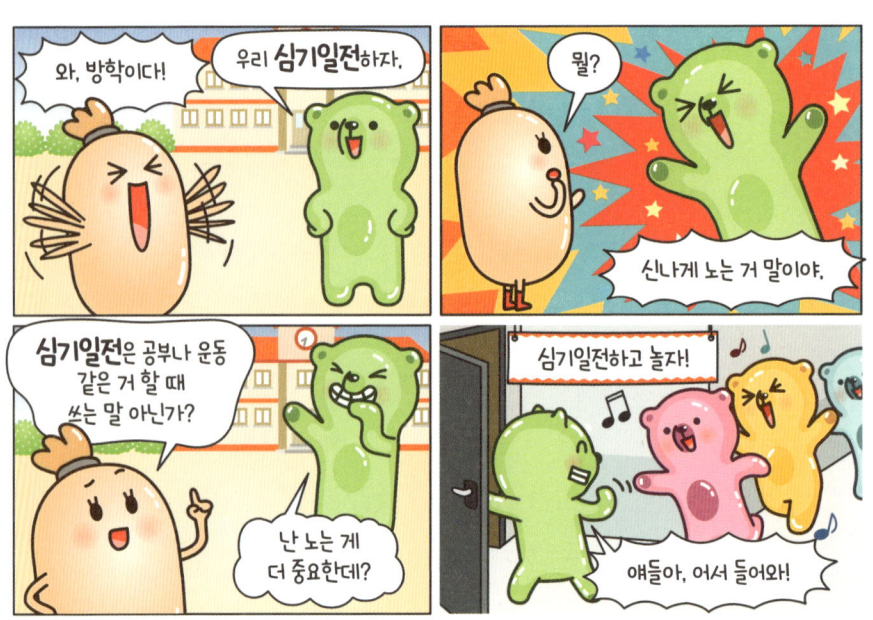

심기일전은 마음의 기운이 한 번 전환된다는 뜻이에요. 생각이나 태도를 바꾸어 새로운 방향으로 나아가는 것을 의미하지요. 어려운 상황에서 마음을 다잡고 다시 시작할 때 사용하는 말이에요. 긍정적인 변화를 위해 마음가짐을 새롭게 하는 것이랍니다.

생각해 보기

1. 심기일전하는 마음으로 새롭게 시작한 일을 떠올려 보세요.
2. 일을 시작하기 전에 마음을 다잡는 것이 중요할까요?

후안무치

厚	顔	無	恥
두꺼울 **후**	얼굴 **안**	없을 **무**	부끄러울 **치**

뻔뻔해서 부끄러움을 모른다는 뜻이에요.

하나라의 계왕에게 태강이라는 아들이 있었어요. 태강은 나라를 돌보지 않고 사냥만 했지요. 그러다 이웃나라 왕에게 밀려 비참하게 죽고 말았어요. 그의 형제들은 형이 나라를 망쳤다는 내용의 노래를 불렀어요. 백성들이 우리를 원망하고 있어 슬프고, 낯이 부끄럽다는 내용의 후안무치가 여기에서 유래했어요.

생각해 보기

1. 후안무치를 경험한 사례를 떠올려 보세요.
2. 후안무치인 사람과 가까이 지내도 괜찮을까요?

유비무환

有	備	無	患
있을 유	갖출 비	없을 무	근심 환

잘 갖춰 준비하면 걱정할 것이 없다는 뜻이에요.

중국 진나라에 사마위강이라는 신하가 있었어요. 그는 왕에게 미리 준비를 하면 걱정할 것이 없다며 늘 위기에 대비할 것을 강조했어요. 싸움에 휘말렸던 이웃 나라들은 사마위강의 중재 덕분에 평화를 찾아 그에게 선물을 하려 했지요. 그러나 그는 편안할 때도 위기를 미리 준비하라고 하며 선물을 거절했다고 해요.

생각해 보기

1. 준비를 못해 어려움을 겪은 경험을 떠올려 보세요.
2. 준비를 못하더라도 상황에 잘 대처하는 방법이 있을까요?

과유불급

過 猶 不 及
지날 **과** | 오히려 **유** | 아닐 **불** | 미칠 **급**

무엇이든 정도를 지나치면 부족한 것보다 못하다는 뜻이에요.

조선 시대에 도공 우삼돌이 있었어요. 그는 뛰어난 도자기를 만들어 이름을 얻었지만, 방탕한 생활로 재산을 탕진하고 죽을 고비까지 넘겼어요. 이후 그는 '계영배'라는 술잔을 만들어 과유불급의 교훈을 되새기며 살았어요. 이 술잔은 조선 최고의 상인 임상옥에게 전해져 과유불급은 그의 좌우명이 되었다고 해요.

생각해 보기

1. 너무 과해서 오히려 안 좋아진 과유불급의 경험을 떠올려 보세요.
2. 부족한 것과 넘치는 것 중 무엇이 더 나을까요?

십시일반

十	匙	一	飯
열 **십**	숟가락 **시**	하나 **일**	밥 **반**

여러 사람이 조금씩 힘을 합하면 한 사람을 돕기 쉽다는 말이에요.

십시일반은 중국과 일본에는 없는 말이에요. 우리나라 고유의 속담을 한자어로 바꾼 것이지요. 조선의 실학자 정약용의 《여유당전서》에 '십시일반 환성일반(十飯一匙 還成一飯)'이라는 말이 등장해요. 열 그릇 밥에서 한 숟가락씩 덜어 내면, 도로 밥 한 그릇을 이룬다는 뜻이에요.

생각해 보기

1. 여럿이 힘을 합쳐 다른 사람을 도운 경험을 떠올려 보세요.
2. 어려운 사람을 반드시 도와야 할까요?

좌고우면

左	顧	右	眄
왼 **좌**	돌아볼 **고**	오른 **우**	곁눈질할 **면**

결정을 내리지 못하고 이리저리 눈치만 본다는 뜻이에요.

좌고우면은 중국 위나라의 조식이 오질에게 보낸 편지에서 나온 말이에요. 좌우를 바라보며 자신만만해하는 모습을 뜻했지요. 조식은 오질의 뛰어난 재능과 당당한 태도를 칭찬하며 이 표현을 사용했어요. 시간이 흐르면서 앞뒤를 재고 망설이며 결정을 내리지 못하는 태도를 나타내는 말로도 쓰게 되었어요.

생각해 보기

1. 주로 어떨 때 좌고우면하나요?
2. 신중한 것과 좌고우면하는 것은 어떻게 다를까요?

표리부동

드러나는 말이나 행동이 속으로 하는 생각과 다르다는 뜻이에요.

表	裏	不	同
겉 **표**	속 **리**	아닐 **부**	같을 **동**

글씨를 아주 잘 쓰는 왕희지라는 사람이 있었어요. 어느 날, 한 사람이 시장에서 왕희지가 쓴 글씨를 샀어요. 그런데 알고 보니 그것은 가짜였어요. 파는 사람이 현란한 말솜씨로 속인 것이었지요. 뒤늦게 시장으로 돌아갔지만 이미 늦은 뒤였어요. 표리부동의 정확한 유래는 알려지지 않았지만, 이렇게 겉과 속이 다른 것을 말해요.

생각해 보기

1. 겉과 속이 다르게 행동했던 경험을 떠올려 보세요.
2. 속마음을 솔직히 말하는 것이 언제나 좋을까요?

주마간산

走	馬	看	山
달릴 주	말 마	볼 간	산 산

자세히 살피지 않고 대충 보고 지나가는 것을 뜻하는 말이에요.

주마간산은 중국 시인 맹교가 과거 시험에 떨어지고 고향으로 돌아가던 길에 느낀 심정을 표현한 말이에요. 맹교는 슬픈 마음으로 말을 타고 빠르게 지나가느라 주변 풍경을 제대로 볼 수 없었거든요. 이처럼 주마간산은 어떤 것을 자세히 보지 않는 상황을 가리켜요. 여러분이 박물관에 갔는데 시간이 없어 전시물을 대충 보고 지나가거나 책을 꼼꼼히 읽지 않고 넘길 때 쓸 수 있어요.

생각해 보기

1. 숙제나 책 읽기를 주마간산으로 한 경험이 있나요?
2. 재미없는 책은 주마간산으로 읽어도 될까요, 안 될까요?

호시탐탐

虎	視	眈	眈
범 호	볼 시	노려볼 탐	노려볼 탐

남의 것을 빼앗으려 가만히 엿보는 것을 말해요.

호시탐탐은 《주역》에 나온 말이에요. '호시'는 호랑이의 눈을 뜻하고, '탐탐'은 자세히 살핀다는 의미예요. 즉 호시탐탐은 호랑이처럼 날카롭고 매서운 눈으로 공격할 기회를 엿보는 것이지요. 단순히 기회를 엿본다는 의미를 넘어, 끈기 있게 기회를 찾고 노력하는 모습을 표현하기도 해요.

생각해 보기

1. 호시탐탐 노릴 수 있는 것은 무엇이 있을까요?
2. 호시탐탐 어떤 기회를 노리는 것은 바른 행동일까요?

안빈낙도

安	貧	樂	道
편안할 **안**	가난할 **빈**	즐거울 **락(낙)**	길 **도**

가난한 마음으로 즐기며 바른 길을 살아가는 것을 말해요.

중국 후한 시대의 학자 위표는 학문에 뜻을 두고 가난한 생활을 하면서도 즐거움을 잃지 않았어요. 그는 "가난을 편안히 여기고 도를 즐긴다(安貧樂道)"라는 말을 남겼고, 이것이 안빈낙도의 유래가 되었답니다. 비슷한 말로는 편안한 마음으로 제 분수를 지키며 만족할 줄 안다는 뜻의 '안분지족(安分知足)'이 있어요.

생각해 보기

1. 맛있는 음식, 멋진 옷이 없어도 행복할 수 있을까요?
2. 돈이 많아야 행복하다고 생각하는 친구에게 어떤 말을 해 줄 수 있을까요?

차일피일

此	日	彼	日
이 **차**	날 **일**	저 **피**	날 **일**

이날이니 저날이니 하며 무언가를 계속 미루는 것을 말해요.

차일피일은 해야 하는 일을 계속 미루는 상황을 나타낼 때 써요. 주로 계획, 의무를 끊임없이 다음으로 미루는 상황이나 상태를 뜻해요. 계속 미루느라 효율성이 떨어지거나 좋은 기회를 놓치게 되는 경우가 많지요. 이 말의 유래는 확실히 알려지지 않았답니다.

생각해 보기

1. 어떤 일을 차일피일 미루었던 적 있나요?
2. 미루는 것과 신중한 것은 어떤 차이가 있을까요?

경거망동

輕	擧	妄	動
가벼울 경	들 거	망령될 망	움직일 동

가볍고 경솔하게 행동하는 것을 뜻해요.

《한비자》의 〈해로〉에는 도리를 따르지 않고 멋대로 행동하는 사람을 비판하는 내용이 나와요. 좋은 일과 나쁜 일이 반복될 수 있다는 이치를 모르고, 함부로 행동하는 태도를 경계하는 것이지요. 반대로는 매우 신중하게 검토한다는 뜻의 사자성어 '심사숙고(深思熟考)'가 있어요.

생각해 보기

1. 누군가 경거망동하게 행동한 것을 본 적 있나요?
2. 경거망동하는 친구에게 조언을 해 주세요.

시종일관

始	終	一	貫
먼저 시	끝 종	하나 일	꿸 관

일 등을 처음부터 끝까지 한결같게 하는 상황을 말해요.

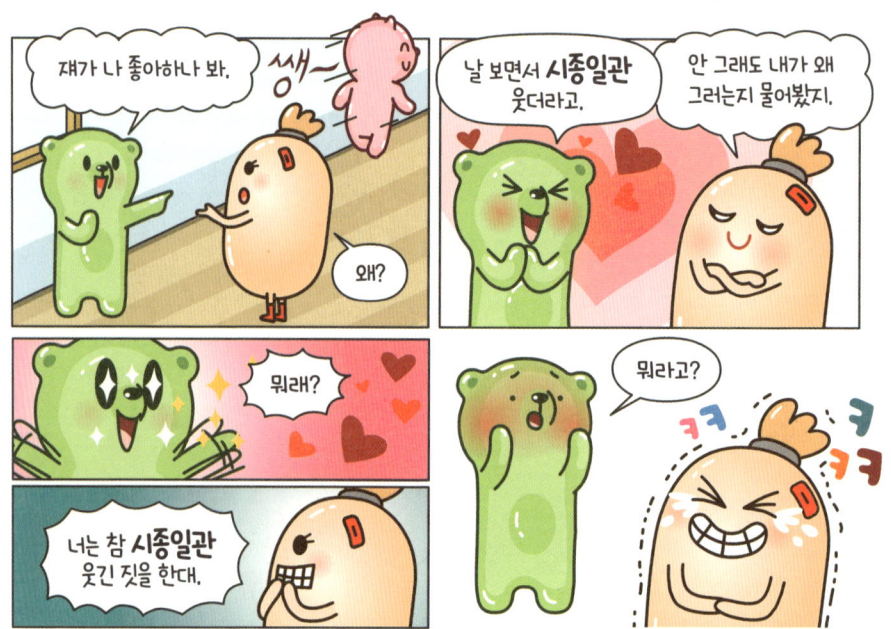

시종일관은 처음부터 끝까지 한결같이 이어진다는 의미예요. 이 표현은 어떤 일을 시작할 때의 의지나 방향을 변함없이 유지하는 것을 뜻해요. 변하지 않는 태도, 믿음이 가는 사람을 "시종일관 ~하다"라고 설명하기도 해요. 비슷한 말로 '초지일관(初志一貫)', '시종여일(始終如一)' 등이 있어요.

생각해 보기

1. 시종일관 한결같아야 하는 것은 무엇일까요?
2. 목표가 이루어지지 않아도 시종일관 노력해야 할까요?

살신성인

殺	身	成	仁
죽일 살	몸 신	이룰 성	어질 인

자신의 몸을 희생하여 옳은 일을 이룬다는 뜻이에요.

공자는 뜻있는 선비와 어진 사람은 삶을 구차하게 이어가기 위해 인(仁)을 해치는 일이 없다고 했어요. 오히려 자신의 몸을 희생하면서 인을 이룬다고 말했지요. 여기서 인은 사랑과 희생을 의미해요. 공자는 인을 실천하기 위해 목숨까지도 바칠 수 있는 용기가 필요하다고 했어요.

생각해 보기

1. 살신성인 정신으로 나라를 위해 몸 바친 사람은 누가 있을까요?
2. 나를 희생해 많은 사람을 살리는 것에 대해 어떻게 생각하나요?

천진난만

天	眞	爛	漫
하늘 천	참 진	빛날 란(난)	질펀할 만

타고난 그대로 핀 꽃과 같다는 뜻으로, 본래의 순수한 모습을 말해요.

천진난만은 자연스럽고 순수하며 사랑스러운 상태를 나타내는 한자어예요. 주로 어린아이들의 꾸밈없는 모습이나 성격을 설명할 때 사용되는 말이지요. 이밖에도 어린 시절의 모습을 잃지 않은 채 여전히 순수한 어른의 모습을 표현하기도 해요.

생각해 보기

1. 여러분이 했던 천진난만한 행동을 떠올려 보세요.
2. 나이에 맞는 행동이 있을까요? 여러분의 나이에 맞는 행동은 무엇일까요?

분골쇄신

온갖 힘을 다하여 노력하는 것을 비유하는 말이에요.

粉	骨	碎	身
가루 분	뼈 골	부술 쇄	몸 신

분골쇄신은 뼈를 가루로 만들고 몸을 부순다는 뜻이에요. 그만큼 온힘을 다해 애쓰는 태도를 가리키는 말이지요. 《곽소옥전》이라는 전기소설에 나오는 말에서 유래했어요. 등장인물들이 사랑을 이루기 위해 온갖 힘을 다하는 모습을 분골쇄신으로 표현했지요.

생각해 보기

1. 온 힘을 다해 노력했던 경험을 떠올려 보세요.
2. 노력을 어느 정도로 하는 것이 적절할까요?

호언장담

豪	言	壯	談
호걸 호	말씀 언	씩씩할 장	이야기 담

매우 씩씩하고 자신 있게 말하는 태도나 그렇게 한 말을 뜻해요.

호언장담은 자신감 넘치는 발언이나 큰 포부를 나타내는 말이에요. '호(豪)'는 호기로운 사람, '언(言)'은 말, '장(壯)'은 장대하다, '담(談)'은 이야기라는 뜻으로, 호기롭고 자신 있게 말하는 것을 가리키지요. 어떤 일을 앞두고 해낼 수 있다고 외치는 모습을 떠올리면 그 의미가 와닿을 거예요.

생각해 보기

1. 호언장담을 한 적이 있나요?
2. 사람들은 왜 호언장담을 하는 걸까요?

불철주야

不	撤	晝	夜
아닐 **불**	거둘 **철**	낮 **주**	밤 **야**

밤낮을 가리지 않는다는 뜻으로, 쉴 새 없이 힘쓴다는 말이에요.

어느 날 공자가 시냇물이 밤낮으로 그치지 않는 모습에 대해 말했어요. 해가 지면 달이 뜨고 더운 날이 가면 찬 날이 오는 것처럼, 시냇물은 쉬지 않고 흐르는 것이지요. 《논어》〈자한〉편에 나오는 이야기인데요. 여기에서 불철주야가 유래했어요. 쉴 틈 없이 한 가지 일에 몰두하는 것을 뜻하지요.

생각해 보기

1. 불철주야로 일하는 사람을 본 기억을 떠올려 보세요.
2. 불철주야 일하는 것과 충분히 쉬면서 일하는 것 중 어느 쪽이 더 좋을까요?

솔선수범

率	先	垂	範
거느릴 **솔**	먼저 **선**	드리울 **수**	법 **범**

다른 사람보다 앞장서서 행동해서 본보기가 되는 것을 말해요.

솔선수범의 '수(垂)'는 드리운다는 뜻이에요. 커튼 등 무엇인가를 드리우기 위해서는 수직으로 똑바로 걸어 두어야 하지요. 그래서 바닥에 직각으로 드리운 선을 '수(垂)직선'이라고 해요. 솔선수범은 남보다 앞서 법규를 드리운다, 즉 지킨다는 뜻을 갖고 있어요.

생각해 보기

1. 어른이 어린이보다 솔선수범해야 하는 일은 무엇일까요?
2. 나이가 많은 사람이 꼭 솔선수범해야 할까요?

결초보은

죽어서라도 은혜를 갚는다는 의미를 담고 있어요.

結	草	報	恩
맺을 **결**	풀 **초**	갚을 **보**	은혜 **은**

진나라 위과의 아버지는 자신이 죽으면 두 번째 아내를 함께 묻으라고 했지만, 위과는 그 말을 듣지 않았지요. 훗날 위과는 아버지의 두 번째 아내 덕분에 전쟁에서 이겼어요. 그녀가 길에 풀을 묶어 적을 넘어뜨려 위과를 도운 덕분이었지요. 이 이야기에서 유래한 결초보은은 풀을 묶어 은혜를 갚는다는 뜻이에요.

생각해 보기

1. 도움을 받고 보답한 적이 있나요?
2. 도움을 받으면, 반드시 그 은혜를 갚아야 할까요?

초성 퀴즈

결정을 내리지 못하고 이리저리 눈치만 봄.
ㅈ ㄱ ㅇ ㅁ

이날이니 저날이니 하며 무언가를 계속 미루는 것.
ㅊ ㅇ ㅍ ㅇ

매우 씩씩하고 자신 있게 말하는 태도나 그렇게 한 말.
ㅎ ㅇ ㅈ ㄷ

자세히 살피지 않고 대충 보고 지나가는 것.
ㅈ ㅁ ㄱ ㅅ

다른 사람보다 앞장서서 행동해서 본보기가 되는 것.
ㅅ ㅅ ㅅ ㅂ

여러 사람이 조금씩 힘을 합하면 한 사람을 돕기 쉬움.
ㅅ ㅅ ㅇ ㅂ

가볍고 경솔하게 행동하는 것.
ㄱ ㄱ ㅁ ㄷ

자신의 몸을 희생하여 옳은 일을 이룸.
ㅅ ㅅ ㅅ ㅇ

뻔뻔해서 부끄러움을 모름.
ㅎ ㅇ ㅁ ㅊ

마음의 틀이 한 번 바뀐다는 뜻으로, 새롭게 마음먹을 때 쓰는 말.
ㅅ ㄱ ㅇ ㅈ

정답 좌고우면, 차일피일, 호언장담, 주마간산, 솔선수범, 십시일반, 경거망동, 살신성인, 후안무치, 심기일전

Step 5

일상·인생

당장 나쁜 일이 나중에 좋은 일로 바뀔 수도 있어요. 이를 '전화위복'이라고 해요. 앞뒤 안 가리고 자기 뜻대로 한다는 뜻의 '막무가내'라는 사자성어도 있지요. 살다 보면 다양한 삶의 모습을 마주하게 되는데요. 이런 모습을 표현해 주는 사자성어를 배우며 우리 주변을 좀 더 돌아보면 어떨까요? 다양한 상황에 대해 이해하고, 여러분 삶의 모습도 돌아볼 수 있을테니까요.

우산 안 가져와서 비 맞았어. 우울해.

- 전화위복 ☐
- 다정다감 ☐
- 막무가내 ☐
- 고진감래 ☐
- 학수고대 ☐
- 동분서주 ☐
- 설상가상 ☐
- 진수성찬 ☐
- 일거양득 ☐
- 이구동성 ☐
- 용두사미 ☐
- 갑론을박 ☐
- 중구난방 ☐
- 문전성시 ☐
- 새옹지마 ☐
- 비일비재 ☐
- 다다익선 ☐
- 오비이락 ☐
- 함흥차사 ☐
- 구사일생 ☐

덕분에 나랑 우산 쓰고 오면서 재밌었잖아? 이게 바로 럭키비키★ 아니, 전화위복?

전화위복

지금의 나쁜 일이 바뀌어 복이 될 수 있다는 뜻이에요.

轉	禍	爲	福
구를 전	재앙 화	할 위	복 복

중국 《사기》에 관중이라는 사람에 대한 평가가 등장해요. 관중은 화가 될 것을 복이 되게 바꾸고, 실패를 바꿔 성공이 되게 하는 것을 잘했어요. 전화위복을 만드는 사람이었지요. 또, 소진이 제나라 왕을 만나 연나라로부터 빼앗은 성을 모두 돌려주라고 설득할 때도 전화위복이라는 말을 언급해요.

생각해 보기

1. 안 좋은 일이 전화위복으로 이어진 경험이 있나요?
2. 힘든 상황에 처한 친구에게 전화위복의 기회로 삼으라고 하면 위로가 될까요?

용두사미

龍	頭	蛇	尾
용 **용**	머리 **두**	뱀 **사**	꼬리 **미**

시작은 거창하였으나 끝이 좋지 않은 것을 비유하는 말이에요.

용두사미는 원래 불교 용어에서 유래했어요. 불교 경전에서는 용의 머리는 부처님의 지혜를, 뱀의 꼬리는 중생의 어리석음을 상징한다고 해요. 처음에는 부처님의 가르침을 따랐지만 나중에는 흐지부지하게 되는 것을 경계하자는 맥락에서 사용되었어요.

생각해 보기

1. 항상 용두사미로 끝나는 일이 있나요?
2. 시작한 일은 꼭 끝을 맺어야 할까요?

다정다감

多	情	多	感
많을 **다**	뜻 **정**	많을 **다**	느낄 **감**

정이 많고 감정이 풍부하다는 뜻이에요.

친절하고 정이 넘친다는 뜻의 '다정'과 감정이 풍부하고 느끼는 것이 많다는 뜻의 '다감'이 합쳐진 말이에요. 다정다감은 사람의 성격이나 태도가 따뜻하고 정감이 넘치는 것을 표현해요. 이런 성격은 서로 간의 관계를 돈독하게 만들어 주고, 따뜻한 마음을 나누게 하지요.

생각해 보기

1. 여러분에게 다정다감한 사람은 누가 있나요?
2. 다정다감한 것과 최소한의 예의를 확실히 지키는 것 중 무엇이 더 중요할까요?

갑론을박

甲	論	乙	駁
첫째 천간 **갑**	논할 **론**	둘째 천간 **을**	논박할 **박**

여럿이 서로 자신의 주장을 내세우며 논쟁하는 것을 말해요.

바닷가에서 어부 삼형제가 일하고 있었어요. 하늘로 새가 날아가는 것을 보며 삼형제는 각자 의견을 말했지요. 잡아서 삶아 먹을지, 구워 먹을지 결론이 나지 않자 마을 수령에게 가서 물었어요. 수령은 새를 잡아오라고 해요. 그 사이 새는 날아가 버려 잡을 수 없게 됐어요. 갑론을박하는 사이 새를 놓친 것이지요.

생각해 보기

1. 다른 사람과 갑론을박했던 경험을 떠올려 보세요.
2. 나의 주장을 내세우는 것과 다른 이의 의견을 따르는 것 중, 무엇이 더 좋을까요?

막무가내

莫	無	可	奈
없을 **막**	없을 **무**	옳을 **가**	어찌 **내**

앞뒤 가리지 않고 자기 주장만 내세우며 마음대로 하는 것을 뜻해요.

막무가내는 달리 어찌할 도리가 없다는 뜻이에요. 이 말은 원래 남의 말을 전혀 듣지 않고 고집만 부리는 태도를 가리켰다고 해요. 무작정 밀어붙이거나 자기 주장만 내세우는 경우를 나타내기도 하지요. 상황에 따라서는 저돌적이거나 무모한 사람이라고 느낄 수 있지요.

생각해 보기

1. 막무가내로 우겨 본 경험이 있나요?
2. 막무가내로 밀어붙이는 것은 무조건 나쁠까요?

중구난방

衆	口	難	防
무리 중	입 구	어려울 난	막을 방

여러 사람이 각기 떠들어 종잡을 수 없다는 뜻이에요.

주나라 여왕은 백성들을 억압하고, 자신을 비방하는 자를 죽였어요. 한 신하가 백성의 입을 막는 것은 물길을 막는 것보다 어렵다고 충고했지만, 여왕은 무시했어요. 결국 백성들의 분노가 폭발하여 여왕은 쫓겨났어요. 이후 송나라 화원이 이 사례를 들며 중구난방이라는 말을 사용했답니다.

생각해 보기

1. 중구난방으로 자기 이야기만 했던 사례를 떠올려 보세요.
2. 의견이 중구난방으로 갈리는 것은 무조건 나쁠까요?

고진감래

苦	盡	甘	來
쓸 고	다할 진	달 감	올 래

쓴 것이 다하면 단것이 온다, 즉 고생 끝에 즐거움이 온다는 말이에요.

중국 원나라에 똑똑한 소년이 살았어요. 소년은 가난했지만, 책을 쓰는 것이 꿈이었어요. 힘든 농사일을 하면서 열심히 살면 좋은 날이 올 것이라고 믿었지요. 소년은 숯과 나뭇잎으로 글쓰기를 연습했고, 결국 《남촌철경록》이라는 책을 썼어요. 이 이야기가 바로 고진감래의 유래가 되었답니다.

생각해 보기

1. 고생 끝에 값진 것을 얻은 경험을 떠올려 보세요.
2. 결과가 좋지 않아도 계속 노력해야 할까요?

문전성시

門	前	成	市
문 **문**	앞 **전**	이룰 **성**	시장 **시**

찾아오는 사람이 많아, 문 앞이 시장을 이루다시피 하는 것을 뜻해요.

옛날 중국, 놀기 좋아하는 왕 때문에 백성들이 힘들었어요. 정승의 집 앞은 고민을 털어놓으러 온 사람들로 북적였지요. 왕이 화를 내며 자신을 배신하려는 것이냐고 묻자, 정승은 아니라고 답했어요. 하지만 다른 신하의 이간질 때문에 정승은 감옥에 갇혔지요. 이 이야기에서 문전성시라는 말이 생겨났어요.

생각해 보기

1. 문전성시를 이루는 곳을 본 적 있나요?
2. 줄까지 서서 꼭 유명한 맛집에 가야 할까요?

학수고대

鶴	首	苦	待
학 **학**	머리 **수**	쓸 **고**	기다릴 **대**

학처럼 머리를 빼고 무언가를 간절히 기다리는 마음을 뜻해요.

학수고대는 《사기》에서 유래한 말이에요. 한 지혜로운 학자가 있었는데, 먼 길을 떠난 친구를 한없이 기다렸어요. 마치 학 머리처럼 목을 길게 빼고(학수), 간절히 기다렸다(고대)고 해요. 당시에 긴 기다림은 충성과 참을성의 상징으로 여겨졌답니다.

생각해 보기

1. 긴 기다림 끝에 원하는 것을 얻으면 마음이 어떨까요?
2. 약속 시간에 늦는 사람은 언제까지 기다려야 할까요?

새옹지마

塞	翁	之	馬
변방 새	늙은이 옹	어조사 지	말 마

인생의 길흉화복은 예측할 수 없어 일희일비할 필요 없다는 뜻이에요.

옛날에 새옹 할아버지가 살았어요. 키우던 말이 도망갔지만 새옹은 복이 될지 모른다고 했어요. 얼마 뒤 말이 야생마를 데려오는 기쁜 일이 생겼지만, 새옹은 재앙이 될거라고 했어요. 아들이 말에서 떨어져 다리를 다쳤지만, 새옹은 다시 복이 될지 모른다고 했지요. 정말로 아들은 다리 덕분에 전쟁에 나가지 않았어요.

생각해 보기

1. 좋은 일과 안 좋은 일이 번갈아 일어난 경험을 떠올려 보세요.
2. 인생에 행복한 일만 일어나면 정말 좋을까요?

동분서주

東	奔	西	走
동쪽 동	달릴 분	서쪽 서	달릴 주

동쪽으로 달리고 서쪽으로 달린다, 즉 바쁘게 움직인다는 뜻이에요.

동분서주는 《역림》이라는 중국 고전에서 유래했어요. 주인공이 이리저리 뛰어다니며 노력하는 모습을 "동으로 뛰고 서로 달린다"고 묘사했지요. 목적을 위해 쉬지 않고 활동하는 모습, 또는 열정을 다하는 모습을 표현하는 말로 지금까지 쓰이고 있어요.

생각해 보기

1. 동분서주한 날, 왜 그랬는지 떠올려 보세요.
2. 바쁘게 사는 것과 여유롭게 사는 것 중 어느 쪽이 좋을까요?

비일비재

非	一	非	再
아닐 비	하나 일	아닐 비	두 번 재

한두 번이 아닌 것, 즉 어떤 일이 매우 자주 일어나는 것을 뜻해요.

비일비재는 일상생활에서 빈번하게 일어나는 현상을 표현하는 데 유용하게 사용돼요. 한자 그대로, 한두 번이 아니라는 뜻이에요. 어떤 일이 매우 자주 일어난다는 것을 강조하는 표현이지요. 주로 일상에서 흔하게 보는 일이나 사건을 묘사할 때 많이 쓰는 말이랍니다.

생각해 보기

1. 비일비재하게 일어난 일이 있나요?
2. 친구 사이 다툼이 비일비재하게 일어난다면 어떻게 해야 할까요?

설상가상

雪	上	加	霜
눈 **설**	위 **상**	더할 **가**	서리 **상**

눈 위에 서리가 덮인다, 즉 나쁜 일이 연달아 일어난다는 뜻이에요.

옛날 중국에 대양화상이라는 유명한 스님을 만나러 많은 스님들이 찾아왔어요. 대양화상은 한 스님에게 앞만 보고 뒤를 돌아보지 않는다며 꾸짖었어요. 그 스님이 쓸데없는 참견이라고 하자, 대양화상이 '눈 위에 다시 서리가 내리는(설상가상) 말씀'이라고 한 데서 설상가상이 유래했지요.

생각해 보기

1. 안 좋은 일이 겹쳐 일어난 경험을 떠올려 보세요.
2. 안 좋은 일이 겹쳐 일어나면 어떻게 마음을 다스려야 할까요?

다다익선

많으면 많을수록 더욱 좋다는 뜻이에요.

多	多	益	善
많을 다	많을 다	더할 익	좋을 선

중국 한나라의 장군 한신은 뛰어난 용병술로 많은 전투에서 승리했어요. 한 고조 유방이 한신에게 군사가 얼마나 많아야 할지 물었지요. 이 질문에 대해 한신은 많으면 많을수록 좋다고 답했어요. 이 대화에서 다다익선이라는 말이 유래했지요.

생각해 보기

1. 많으면 많을수록 좋은 것 중 눈에 보이는 것은 무엇일까요?
2. 많으면 많을수록 좋은 것 중 눈에 보이지 않는 것은 무엇일까요?

진수성찬

푸짐하게 잘 차려진 음식을 뜻하는 말이에요.

珍 보배 **진**　羞 부끄러울 **수**　盛 성할 **성**　饌 반찬 **찬**

'진수(珍羞)'는 보기 드물게 맛이 무척 좋은 음식, '성찬(盛饌)'은 풍성하게 차려진 반찬을 뜻해요. 잘 차려진 음식을 뜻하는 성찬은 《논어》에 나오는 말로, 반대말로는 소찬이 있어요. 한편 진수성찬은 잘 차려진 음식뿐 아니라, 풍족한 생활을 비유하는 말로도 쓰여요.

생각해 보기

1. 진수성찬을 보면 어떤 생각을 하나요?
2. 어린이의 생일상은 진수성찬이어야 할까요?

오비이락

烏	飛	梨	落
까마귀 오	날 비	배나무 리(이)	떨어질 락

관련이 없는 일이 동시에 일어나 오해를 받을 수 있다는 뜻이에요.

어느 날, 배나무에 앉아 있던 까마귀가 날아갔어요. 바로 그때, 탐스럽게 익은 배 하나가 툭 떨어졌지요. 마을 사람들은 까마귀가 배를 떨어뜨렸다고 생각했어요. 하지만 사실 까마귀와 떨어진 배는 아무런 상관이 없었답니다. 이렇게 우연히 동시에 벌어진 일 때문에 오해를 받는 것을 오비이락이라고 해요.

생각해 보기

1. 오비이락을 경험한 적 있나요?
2. 억울한 일을 당했을 때는 어떻게 해야 할까요?

일거양득

한 가지 일로 두 가지 이익을 얻을 때 써요.

一	擧	兩	得
하나 **일**	들 **거**	두 **량(양)**	얻을 **득**

옛날에 변장자라는 사람이 호랑이를 잡으려고 했어요. 그때 어떤 아이가 말렸지요. 지금 호랑이 두 마리가 소를 차지하려고 싸우고 있다면서요. 그냥 두면 결국 진 놈은 죽고 이긴 놈도 다칠 것 같다고 했지요. 이 말을 듣고 기다린 변장자는 호랑이 두 마리를 다 잡을 수 있었어요. 일거양득이었지요.

생각해 보기

1. 일거양득을 경험한 적 있나요?
2. 일거양득은 꼭 좋은 것일까요?

함흥차사

咸	興	差	使
다 **함**	일 **흥**	다를 **차**	부릴 **사**

심부름을 가서 오지 않거나 늦게 오는 사람을 뜻해요.

조선 태조 이성계는 왕자의 난 이후로 상심하여 고향인 함흥으로 떠났어요. 태종은 태조에게 서울로 돌아올 것을 요청하기 위해 함흥으로 차사를 보냈어요. 그런데 태조는 차사들을 죽이거나 잡아 가두어 돌려보내지 않았어요. 그 뒤로, 떠난 다음 소식 없이 돌아오지 않는 것을 함흥차사라고 부르게 되었지요.

생각해 보기

1. 함흥사차를 경험한 일을 떠올려 보세요.
2. 심부름을 간 동생이 돌아오지 않으면 어떻게 해야 할까요?

이구동성

異	口	同	聲
다를 이	입 구	한가지 동	소리 성

입은 다르나 목소리는 같다는 뜻으로, 여럿이 한결같이 말할 때 써요.

이구동성은 여러 사람이 동시에 같은 의견이나 목소리를 낸다는 의미로 써요. 어떤 주제에 대해 많은 사람들이 같은 생각일 때 쓰지요. 예를 들어, 어떤 상황이나 사건에 대해 모두 똑같이 반대한다면 "많은 사람들이 이구동성으로 반대하고 있다"라고 표현해요.

생각해 보기

1. 의견이 다를 때는 어떻게 하면 좋을까요?
2. 여럿이 있을 때 항상 의견이 일치해야 할까요?

구사일생

九	死	一	生
아홉 구	죽을 사	한 일	날 생

여러 번 죽을 고비를 넘기고 간신히 살아남았을 때 쓰는 말이에요.

중국 초나라의 시인 굴원의 시 〈이소〉에 나오는 말에서 유래했어요. 원래는 '구사무일생(九死無一生)' 즉, 열 번 죽을 뻔하여 한 번도 살아남지 못한다는 뜻이었지요. 후대로 오면서 구사일생이라고 하게 되었지요. 매우 위험한 상황에서 간신히 목숨을 건진 일을 가리킬 때 쓰여요.

생각해 보기

1. 아프다가 구사일생으로 살아나면 어떤 마음이 들까요?
2. 인생을 살며 위기의 상황을 겪어 보는 것이 좋을까요?

초성 퀴즈

관련이 없는 일이 동시에 일어나 오해를 받을 수 있음.
ㅇ ㅂ ㅇ ㄹ

많으면 많을수록 더욱 좋음.
ㄷ ㄷ ㅇ ㅅ

시작은 거창하였으나 끝이 좋지 않음.
ㅇ ㄷ ㅅ ㅁ

입은 다르나 목소리는 같다는 뜻으로, 여럿이 한결같이 말할 때 쓰는 말.
ㅇ ㄱ ㄷ ㅅ

한 가지 일로 두 가지 이익을 얻음.
ㅇ ㄱ ㅇ ㄷ

여러 사람이 각기 떠들어 종잡을 수 없음.
ㅈ ㄱ ㄴ ㅂ

심부름을 가서 오지 않거나 늦게 오는 사람.
ㅎ ㅎ ㅊ ㅅ

여러 번 죽을 고비를 넘기고 간신히 살아남음.
ㄱ ㅅ ㅇ ㅅ

눈 위에 서리가 덮인다는 뜻으로, 나쁜 일이 연달아 일어남을 이름.
ㅅ ㅅ ㄱ ㅅ

고생 끝에 즐거움이 옴.
ㄱ ㅈ ㄱ ㄹ

정답 오비이락, 다다익선, 용두사미, 이구동성, 일거양득, 중구난방, 함흥차사, 구사일생, 설상가상, 고진감래

마무리! 가로세로 퀴즈

> 100개의 사자성어를 모두 마친 나 자신 칭찬해! 마무리 퀴즈까지 열심히 해 보자고!

> 왜 난 처음 보는 것 같지?

가로 힌트

1. 상대를 현혹하는 달콤하고 이로운 말.
2. 마음에서 마음으로 전한다는 뜻으로, 말없이 마음이 통할 때 쓰는 말.
3. 마음의 틀이 한 번 바뀐다는 뜻으로, 새롭게 마음먹을 때 쓰는 말.

세로 힌트

4. 부드러운 말 속에 분명한 속뜻이 담겨 있음.
5. 반딧불·눈빛으로 글을 읽으며 고생하면서 공부하는 자세.
6. 계획한 것을 오래 실천하지 못함.
7. 한 조각의 붉은 마음이라는 뜻으로, 변하지 않는 마음을 가리킴.

정답 가로1 감언이설 가로2 이심전심 가로3 심기일전
세로4 언중유골 세로5 형설지공 세로6 작심삼일 세로7 일편단심

찾아보기

ㄱ

감언이설	52
갑론을박	99
개과천선	37
견원지간	17
결초보은	93
경거망동	85
고진감래	102
공명정대	71
과유불급	77
관포지교	8
괄목상대	34
교언영색	53
교학상장	46
구사일생	115
근묵자흑	11
금시초문	67

ㄷ

다다익선	109
다정다감	98
단도직입	58
대기만성	31
독서삼매	30
동문서답	56
동병상련	10
동분서주	106
동상이몽	55

ㅁ

마이동풍	61
막무가내	100

ㅁ(막)

막상막하	13
맹모삼천	32
명불허전	43
문방사우	48
문전성시	103

ㅂ

박학다식	41
반포지효	27
배은망덕	18
백발백중	39
분골쇄신	89
불철주야	91
비일비재	107

ㅅ

살신성인	87
삼고초려	65
새옹지마	105
설상가상	108
솔선수범	92
수수방관	19
시시비비	62
시종일관	86
심기일전	74
십시일반	78

ㅇ

안빈낙도	83
안하무인	9
어부지리	26
언중유골	66

역지사지	14
오매불망	12
오비이락	111
온고지신	49
요령부득	57
용두사미	97
유구무언	63
유비무환	76
유유상종	20
이구동성	114
이실직고	15
이심전심	64
인과응보	22
인지상정	69
일거양득	112
일취월장	40
일편단심	70

ㅈ

자업자득	21
자포자기	38
작심삼일	35
장유유서	16
전화위복	96
절차탁마	45
좌고우면	79
주경야독	42
주마간산	81
죽마고우	24
중구난방	101
중언부언	59
진수성찬	110

ㅊ

차일피일	84
천생연분	23
천진난만	88
청출어람	36
측은지심	54
칠전팔기	68

ㅌ

타산지석	25

ㅍ

표리부동	80

ㅎ

학수고대	104
학이시습	44
함흥차사	113
형설지공	47
호시탐탐	82
호언장담	90
환골탈태	33
횡설수설	60
후안무치	75

초판 1쇄 발행 2025년 9월 8일
초판 2쇄 발행 2025년 9월 17일

지은이 오현선

대표 장선희 **총괄** 이영철
기획위원 김혜선 **책임편집** 최지수 **기획편집** 강교리, 조연곤
디자인 이승은, 장혜미 **외주디자인** 이창욱
마케팅 김성현, 양아람, 이은진 **경영지원** 전선애

펴낸곳 서사원주니어 **출판등록** 제2023-000199호
주소 서울시 마포구 성암로330 DMC첨단산업센터 713호
전화 02-898-8778 **팩스** 02-6008-1673 **이메일** cr@seosawon.com   **홈페이지**   **인스타그램**

ⓒ 오현선, 2025

ISBN 979-11-6822-465-0 73710

- 이 책은 저작권법에 따라 보호를 받는 저작물이므로 무단 전재와 무단 복제를 금지합니다.
- 이 책 내용의 전부 또는 일부를 이용하려면 반드시 저작권자와 서사원 주식회사의 서면 동의를 받아야 합니다.
- 잘못된 책은 구입하신 서점에서 바꿔드립니다.   • 책값은 뒤표지에 있습니다.

 서사원은 독자 여러분의 책에 관한 아이디어와 원고 투고를 설레는 마음으로 기다리고 있습니다.
책으로 엮기를 원하는 아이디어가 있는 분은 서사원 홈페이지의 '출간 문의'로 원고와 출간 기획서를 보내주세요.
고민을 멈추고 실행해보세요. 꿈이 이루어집니다.

Step 1 인간 관계

관포지교 8   안하무인 9
동병상련 10   근묵자흑 11
오매불망 12   막상막하 13
역지사지 14   이실직고 15
장유유서 16   견원지간 17
배은망덕 18   수수방관 19
유유상종 20   자업자득 21
인과응보 22   천생연분 23
죽마고우 24   타산지석 25
어부지리 26   반포지효 27

Step 2 독서·공부

독서삼매 30   대기만성 31
맹모삼천 32   환골탈태 33
괄목상대 34   작심삼일 35
청출어람 36   개과천선 37
자포자기 38   백발백중 39
일취월장 40   박학다식 41
주경야독 42   명불허전 43
학이시습 44   절차탁마 45
교학상장 46   형설지공 47
문방사우 48   온고지신 49

관포지교 ☐	안하무인 ☐
동병상련 ☐	근묵자흑 ☐
오매불망 ☐	막상막하 ☐
역지사지 ☐	이실직고 ☐
장유유서 ☐	견원지간 ☐
배은망덕 ☐	수수방관 ☐
유유상종 ☐	자업자득 ☐
인과응보 ☐	천생연분 ☐
죽마고우 ☐	타산지석 ☐
어부지리 ☐	반포지효 ☐

- 심기일전 ☐
- 유비무환 ☐
- 십시일반 ☐
- 표리부동 ☐
- 호시탐탐 ☐
- 차일피일 ☐
- 시종일관 ☐
- 천진난만 ☐
- 호언장담 ☐
- 솔선수범 ☐
- 후안무치 ☐
- 과유불급 ☐
- 좌고우면 ☐
- 주마간산 ☐
- 안빈낙도 ☐
- 경거망동 ☐
- 살신성인 ☐
- 분골쇄신 ☐
- 불철주야 ☐
- 결초보은 ☐

전화위복 ☐	용두사미 ☐
다정다감 ☐	갑론을박 ☐
막무가내 ☐	중구난방 ☐
고진감래 ☐	문전성시 ☐
학수고대 ☐	새옹지마 ☐
동분서주 ☐	비일비재 ☐
설상가상 ☐	다다익선 ☐
진수성찬 ☐	오비이락 ☐
일거양득 ☐	함흥차사 ☐
이구동성 ☐	구사일생 ☐

珍	羞	盛	饌
보배 진	부끄러울 수	성할 성	반찬 찬

한 가지 일로 두 가지 이익을 얻음.	여러 사람이 각기 떠들어 종잡을 수 없음.
ㅇ ㄱ ㅇ ㄷ	ㅈ ㄱ ㄴ ㅂ

심부름을 가서 오지 않거나 늦게 오는 사람.	여러 번 죽을 고비를 넘기고 간신히 살아남음.
ㅎ ㅎ ㅊ ㅅ	ㄱ ㅅ ㅇ ㅅ

눈 위에 서리가 덮인다는 뜻으로, 나쁜 일이 연달아 일어남을 이름.	고생 끝에 즐거움이 옴.
ㅅ ㅅ ㄱ ㅅ	ㄱ ㅈ ㄱ ㄹ